¿Quién mató a Cambio?

KEN BLANCHARD

HarperCollins *Español*

Editora en Jefe: *Graciela Lelli*
Traducción: *Belmonte traductores*
Adaptación del diseño al español: *Grupo Nivel Uno, Inc.*

ISBN: 978-0-71808-718-0

Impreso en Estados Unidos de América
16 17 18 19 20 DCI 6 5 4 3 2 1

En memoria de
Alice Britt Caldwell
1943–2007
y de
Gerald A. Embry
1941–2008

Contenido

La escena del crimen   1

Sospechoso #1: Cultura   10

Sospechoso #2: Compromiso   17

Reflexiones sobre Cultura y Compromiso   23

Sospechoso #3: Patrocinio   28

Sospechoso #4: Equipo de Liderazgo de Cambio   33

Sospechoso #5: Comunicación   40

*Reflexiones sobre Patrocinio, Equipo de
    Liderazgo de Cambio y Comunicación*   45

Sospechoso #6: Urgencia   51

Sospechoso #7: Visión   56

Reflexiones sobre Urgencia y Visión   63

Sospechoso #8: Plan   68

Sospechoso #9: Presupuesto   78

Una visión de muerte   83

Sospechoso #10: Entrenador   86

Sospechoso #11: Incentivo   90

*Reflexiones sobre Plan, Presupuesto, Entrenador
e Incentivo*   99

Sospechoso #12: Gerencia de Desempeño   105

Sospechoso #13: Responsabilidad   114

Superpolicías y accionistas   121

El informe de la autopsia   127

Anuncio de asesinato: solo por invitación   132

¡Cambio vive!   143

Cómo ayudar a Cambio a desarrollarse en su
organización   145

Acerca de los autores   165

Servicios disponibles   167

La escena del crimen

EL SEDÁN oscuro del agente Mike McNally llegó derrapando hasta la puerta principal de la organización ACME en una noche de tormenta. La luz azul que daba vueltas sobre la capota contrastaba de manera inquietante con los destellos de los relámpagos en la distancia. McNally se bajó del auto, se sacudió las cenizas de su abrigo y dio una última calada a su cigarro barato.

Este era su tercer caso de homicidio en un mes, y todos llevaban el mismo apellido: Cambio. De hecho, la investigación de las muertes de Cambio se había convertido en el trabajo de su vida. A lo largo de los años había quedado de manifiesto un claro patrón de las muertes: se introducía Cambio en una organización con diversos grados de recibimiento; parecía que Cambio comenzaba a integrarse en la organización y, entonces, sin advertencia previa, se hallaba muerto Cambio, a menudo sin señales de violencia. La evidencia era siempre escasa, y nunca se había identificado a un único responsable.

Esta vez, McNally estaba decidido a agarrar al asesino. Apagó el cigarro, sacó su cuaderno de notas del bolsillo y caminó lentamente hacia la puerta.

McNally pasó por debajo de la cinta amarilla de la policía que indicaba «no cruzar» y entró en la sala de conferencias, y la encontró zumbando de actividad. Había un fotógrafo tomando fotografías del fallecido desde distintos ángulos, y grupos de dos o tres personas daban sus opiniones sobre lo que había sucedido; en la esquina más lejana de la sala se veía el cuerpo de Cambio desplomado sobre la mesa de conferencias, y fuera del alcance de su mano derecha había un vaso volcado. La mesa aún estaba mojada por el agua derramada.

Un hombre al que McNally no conocía se acercó a él y le entregó una nota doblada.

—El examinador médico me pidió que le diera esto —le dijo.

McNally abrió la nota y leyó:

- probablemente homicidio
- envenenamiento es la causa más probable de muerte
- la muerte se produjo con toda probabilidad hoy entre las 7:00 y las 9:00 A.M.
- más datos tras la autopsia

McNally desalojó a la gente de la sala, cerró la puerta y comenzó su investigación de la escena del crimen. Cuando salió una hora después, una mujer le esperaba al otro lado de la puerta.

—Me llamo Anna —dijo ella—, y seré su ayudante. Me han encargado que me ocupe de todo lo que usted necesite.

McNally sabía quiénes eran los principales sospechosos, pues ya había hecho eso mismo muchas otras veces, y generalmente los sospechosos eran siempre los mismos. Abrió su cuaderno y leyó la lista que había preparado:

1. **Cultura**: define las actitudes y creencias predominantes y patrones de conducta que caracterizan a la organización.

2. **Compromiso**: desarrolla la motivación y la confianza de la persona para participar en las nuevas conductas que requiere el Cambio.

3. **Patrocinio**: un líder veterano que tiene la autoridad formal para utilizar recursos (p. ej., tiempo, dinero y personas) hacia la iniciación, implementación y sostenibilidad del Cambio; responsable último del éxito del Cambio.

4. **Equipo de Liderazgo de Cambio**: conduce activamente al Cambio en la organización hablando con una sola voz y resolviendo las dudas y preocupaciones de aquellos a quienes se les pide cambiar.

5. **Comunicación**: crea oportunidades para el diálogo con los líderes del cambio y con aquellos a quienes se les pide cambiar.

6. **Urgencia**: explica por qué es necesario el Cambio y cuán rápidamente deben cambiar las personas el modo en que trabajan.

7. **Visión**: dibuja un cuadro del futuro claro y motivador después de que el Cambio se haya integrado exitosamente.

8. **Plan**: aclara la prioridad del Cambio relativo a otras iniciativas y responsabilidades; trabaja con aquellos a los que se les pide cambiar para desarrollar un plan de implementación detallado y realista, y entonces definir y construir la infraestructura necesaria para sostener el Cambio.

9. **Presupuesto**: analiza los Cambios propuestos desde una perspectiva financiera para determinar la mejor manera de asignar recursos limitados y asegurar un buen beneficio de la inversión (ROI, por sus siglas en inglés).

10. **Entrenador**: proporciona experiencias de aprendizaje para asegurar que aquellos a quienes se les pide cambiar tengan las habilidades necesarias para continuar con el Cambio y tener éxito en la organización futura.

11. **Incentivo**: reconoce y/o recompensa a personas para reforzar conductas y resultados deseados que permiten el Cambio.

12. **Gestión de Desempeño**: establece metas y expectativas con respecto a conductas y resultados que permiten el Cambio, sigue la trayectoria de progreso hacia las metas y expectativas, proporciona comentarios y formación, y documenta formalmente los resultados presentes frente a los resultados deseados.

13. **Responsabilidad**: monitorea a las personas para asegurar que sus conductas y resultados estén en consonancia con las metas y expectativas acordadas y que los líderes practiquen lo que predican, e instituye consecuencias cuando las conductas o los resultados son incoherentes con los que permiten el Cambio.

McNally arrancó la hoja de su cuaderno y se la entregó a Anna.

—Necesito interrogar a estas personas lo antes posible —le dijo—. Estoy pensando en treinta a cuarenta y cinco minutos por persona. ¿Puede organizarlo?

—Me pondré enseguida —respondió ella.

—Además, sería estupendo si pudiera conseguirme una copia de la estructura organizativa para poder ver quién trabaja para quién —añadió McNally.

La ayudante se había anticipado a esa petición, y entregó a McNally una copia de la gráfica organizativa. Entonces se fue.

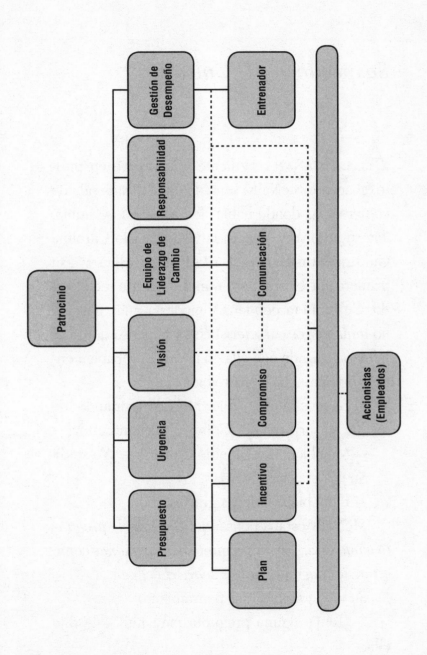

Sospechoso #1: Cultura

A LA MAÑANA siguiente a las nueve en punto, el agente McNally, sentado en la misma sala de conferencias donde había sido asesinado Cambio, leía su archivo y levantó la vista cuando Carolina Cultura entró en la sala. Él sabía que ella sería su primera entrevista, pero nunca la habría reconocido. Cultura era pequeña y modesta, muy normal; no tenía rasgos característicos, y él pensó que si se hubiera cruzado con ella en la calle, probablemente habría pasado desapercibida.

—Buenos días —dijo McNally tratando de ocultar su sorpresa—. ¿Cómo se encuentra hoy?

—Muy bien —respondió Cultura—. ¿Y usted?

Su voz era suave y baja.

—Bien, bien. Muchas gracias.

McNally estaba pensando: *¿Por qué le pregunto cómo está? No les pregunto a las personas cómo están; les hago preguntas sobre el crimen.*

Su voz le sacó de sus pensamientos.

—¿Tenía alguna pregunta para mí? —le dijo ella.

—Sí que tengo. ¿Dónde estuvo ayer por la mañana? —le preguntó.

—Estuve aquí. Estoy aquí la mayor parte del tiempo.

McNally no interpretó su comentario como queja o martirio, se comunicó como un hecho.

—¿Visitó alguno de los departamentos? —preguntó.

—Sí, claro; hice mis rondas. Casi todos los días paso por todos los departamentos.

—¿Le vio alguien aquí ayer?

—Esa es una pregunta interesante —respondió Cultura—. La gente aquí está muy ocupada, y seamos sinceros: mi papel no es exactamente de alto perfil, así que en realidad no puedo responderle a eso. Tendrá que preguntarles a ellos.

McNally se esforzaba por oírla.

—¿Cómo describiría su relación con Cambio? —inquirió.

Cultura no vaciló.

—Discreta —comentó ella.

—¿Puede ayudarme a aclarar eso? —insistió McNally.

—El papel de Cambio está diseñado para ser de alto perfil —respondió ella—. Me consultó algunas veces pero, en general, eso fue en privado.

—¿Le consultó a usted? —replicó McNally—. ¿Y pudo ayudarle?

—Eso creo, aunque es difícil de saber. No es mi estilo controlar demasiado, y como él nunca habló conmigo dos veces de ningún problema, supuse que pudo solucionar los retos que estaba afrontando —le dijo.

—Controlar demasiado... ¿significa eso que Cambio le informaba a usted?

—Ah, no —respondió Cultura. McNally creyó notar un atisbo de sonrisa—. Nadie me informa a mí. He estado aquí mucho más tiempo del que usted pensaría, y mi papel ha sido siempre el de definir las creencias que guían cómo operamos aquí. Se podría pensar de mi papel como una brújula que señala en una dirección, pero no es un mapa que detalla cómo llegar del punto A al punto B.

—Entonces, ¿sobre qué le consultó Cambio la última vez? —preguntó McNally.

—¡VALORES! Cultura respondió tan fuerte que McNally se retiró un poco en su silla. Ella continuó hablando con un volumen demasiado elevado para el tamaño de la sala y lo próximos que estaban los dos.

—Cambio quería usar nuestros valores organizacionales para influenciar en lo que intentaba que se lograra. Yo traté de enseñarle que si las acciones son coherentes con los valores, hay mayor probabilidad de éxito.

—Y esos valores son... —dijo McNally con voz suave que quizá era un intento inconsciente de normalizar su intensidad anterior; pero no funcionó. Cultura se lanzó a un monólogo aun más fuerte que McNally solo podía describir como exagerado.

—El primero es «Muy eficiente». Para alcanzar las metas de nuestro negocio, debemos operar de manera que sea muy eficiente. Tenemos que asignar apropiadamente los recursos y controlar nuestros costos. El segundo es «Enfoque al cliente». Tenemos muchos clientes y debemos proporcionarles el mejor nivel de servicio. El tercero es «Mucho trabajo en equipo». Podemos lograr más trabajando como equipo. ¡En ACME creemos que «ninguno de nosotros es tan inteligente como todos nosotros»! El siguiente es «Comprensión». En el centro de nuestra comprensión está saber escuchar. Cada individuo aportará un punto de vista a una situación u oportunidad, y al escuchar y comprender todos los puntos de vista, tomaremos mejores decisiones. El último es «Excelencia». Nuestros productos son nuestro sustento. Cualquier cosa por debajo de la excelencia es inaceptable.

El contraste entre su primera impresión de Cultura y la fuerza de su presentación de los valores de ACME era muy claro; pero entonces McNally pensó que fuerza y nivel de decibelios no eran necesariamente sinónimos. No detectó pasión alguna en su mensaje, y sintió que el volumen era un sustituto del sentimiento real.

—Los valores de los que habla se expresan alto y claro —dijo McNally—, pero apuesto a que hay una desconexión entre esos valores y lo que en realidad sucede aquí.

Cultura no respondió. McNally tomó una nota mental que decía que no había visto a Cultura pestañear durante todo el tiempo en que hablaron.

—¿Le importaría responder a eso? —preguntó educadamente McNally.

—Claro; es que no lo percibí como una pregunta —respondió ella bajando el volumen de su voz—. Como le dije antes, mi tarea es hacer el trabajo preliminar y señalar hacia una dirección. Yo no controlo si los individuos o los equipos practican nuestros valores.

McNally se preguntaba si Cultura conocía bien a Responsabilidad, pues sabía que si Responsabilidad estaba haciendo bien su trabajo, reforzaría las conductas que impulsa Cultura. McNally había trabajado ya en bastantes casos para saber que siempre había alguna brecha entre los valores que se adoptan y las conductas diarias de las personas en esa organización. En este lugar, sospechaba que era más bien un amplio abismo que una pequeña brecha. Conjeturando que Cultura no iba a aceptar ninguna responsabilidad por la disparidad, McNally cambió de táctica.

—¿Alguna idea sobre quién mató a Cambio? —le preguntó.

—Ni idea —respondió Cultura inmediatamente.

—Pero seguro que con su largo historial aquí —persuadió McNally—, las largas horas que usted emplea y la obvia influencia que tiene en la organización, debe de tener alguna idea de a quién le caía mal Cambio; alguien que quisiera quitárselo de encima.

—Usted me halaga, agente McNally. Sí, he estado por aquí mucho tiempo y sí trabajo muchas horas. Me gustaría pensar que he tenido, y sigo teniendo, cierta influencia en esta organización, pero aun así no puedo decirle quién mató a Cambio.

McNally se encontró de nuevo inclinándose hacia delante, fascinado por el dulce tono de voz de Cultura.

Hubo una larga pausa, y entonces Cultura preguntó:

—¿Algo más?

—No, creo que eso es todo. ¿Dónde puedo encontrarla si tengo más preguntas? —le dijo él.

—Ah, estaré por aquí —le respondió ella.

De nuevo, McNally creyó captar un indicio de sonrisa. Bajó la mirada para consultar sus notas y ver quién era el siguiente en la lista, y cuando la levantó comenzó a decir: «Gracias por su...».

Pero Cultura se había ido. Miró a sus espaldas y la puerta estaba cerrada; no la había oído abrirse ni cerrarse. Con cierta vergüenza, retiró un poco la silla y miró debajo de la mesa de conferencias. Nada; no había nadie.

Esto es verdaderamente inquietante, pensó. *Verdaderamente inquietante.*

Sospechoso #2: Compromiso

CÁNDIDO Compromiso fue el siguiente en presentarse en la sala de interrogatorios. Con una expresión sincera, Compromiso sonrió al agente McNally, le dio un apretón de manos y se sentó.

McNally comenzó diciendo:

—Gracias por reunirse conmigo. Como sabe, estoy investigando la muerte de Cambio. ¿Querría hablarme un poco sobre usted?

—Desde luego —respondió Compromiso—. Sin ninguna duda, como la mayoría de las personas aquí, desempeño muchos papeles pero, sin embargo, mi tarea principal es crear aprobación para los cambios que empleamos aquí —se detuvo y miró a McNally con entusiasmo.

—Hábleme más de eso. ¿Puede decirme cómo trabaja con el liderazgo aquí con respecto a Cambio?

—Me encantaría —respondió Compromiso con una sonrisa—. No estoy seguro de a quiénes ha interrogado hasta ahora y no querría «robar su protagonismo», como ellos dicen. Puedo decirle que he aprendido mucho de los Cambios que hemos tenido aquí a lo largo de los años. La mayor lección que he aprendido es que nuestros empleados tienen preocupaciones bastante predecibles cuando introducimos un nuevo Cambio, y si no respondemos a esas preocupaciones, el éxito de Cambio disminuye de modo drástico. Cuando Cambio se introduce por primera vez, todo el mundo parece necesitar más información, y todos quieren oír por qué necesitan Cambio. Yo trabajo en eso con Diligente Urgencia. Ellos también tienen preocupaciones personales, pues ¿quién no se preguntaría si va a salir ganando o perdiendo cuando alguien anuncia un Cambio? Le guste al liderazgo o no, los empleados no aprueban un Cambio hasta que entienden cómo podría afectarles. ¿No ve, agente McNally, que si llegamos a esas preocupaciones y las abordamos, tenemos mayor probabilidad de obtener el apoyo del empleado? Esa es también mi tarea.

McNally sintió la pasión de Compromiso. De hecho, podía imaginar a Compromiso en la plataforma detrás de un podio dando un discurso de motivación, con su audiencia prestando una respetuosa atención.

Compromiso continuó.

—Debemos ser capaces de crear una imagen del Cambio y ayudar a nuestra gente a ver cómo será esa, y para esa tarea necesito a Victoria Visión. ¿Y acaso no tiene sentido que permitamos que algunos de nuestros empleados participen en la decisión con respecto a Cambio? Para eso me apoyo en Seguro Patrocinio y Pecs.

—¿Pecs? —preguntó McNally.

—Lo conocerá después, estoy seguro; todo el mundo conoce a Pecs. Bueno, cuando Cambio lleva un tiempo por aquí, nuestros empleados se preguntan si en realidad puede o no integrarse ese Cambio. Pedro Plan debería involucrarse; Ernesto Entrenador daría formación, e Isabella Incentivo proporcionaría el ánimo.

Compromiso se puso de pie y comenzó a caminar de un lado a otro, con las palmas de las manos y los ojos hacia el techo como si estuviera hablando a una autoridad superior.

—Al final, los empleados tienen preocupaciones sobre si todos podrán trabajar juntos de verdad, y es aquí donde los necesito más que nunca, Daniel Gerencia de Desempeño y Roberto Responsabilidad.

McNally comenzó a mirar alrededor para ver si alguien había entrado en la sala, pero no había entrado nadie.

Con la cabeza y las manos ya bajadas, Compromiso volvió a su silla y se sentó. McNally notó que el sospechoso sudaba mucho. Agarró una botella de agua y la puso delante de Compromiso.

—Vaya, mientras le estaba escuchando me dio la sensación de estar escuchando un sermón —replicó McNally—. Pero a pesar de toda su pasión, no pude evitar pensar que sus colegas podrían no aceptar del todo las lecciones que usted ha aprendido sobre Cambio.

La expresión en la cara de Compromiso le decía a McNally que estaba manteniendo un debate interno sobre cuánta información quería dar.

—Aquí somos un poco disfuncionales —dijo Conmpromiso finalmente.

McNally utilizó el silencio para instar a Compromiso a que continuara.

—Es chistoso que usted dijera antes «sermón» —continuó al fin Compromiso—, porque eso resume bastante bien lo que siento que hago aquí: predicar. La congregación, formada por líderes y gerentes, llega cada domingo. Sonríen, asienten con la cabeza, me dan la mano y después se van y se comportan como quieren de lunes a sábado. Académicamente, entienden que es mucho más probable que la gente apruebe un Cambio cuando ellos mismos participan en la planificación y tienen la oportunidad de tener influencia en las decisiones. Los líderes y gerentes no están, diría yo, comprometidos a aplicar coherentemente el conocimiento, y se engañan a sí mismos pensando que nuestros empleados no se dan cuenta de lo que sucede.

Compromiso parecía agotado, y eso era extraño considerando que McNally había oído que normalmente Compromiso estaba lleno de energía y entusiasmo.

—Una pregunta más —dijo McNally—. ¿Sabe usted quién podría haber matado a Cambio?

—Sinceramente no —respondió Compromiso con seriedad—. Me resulta difícil creer que la gente no se comprometiera con Cambio dado lo que él intentaba hacer.

Una vez más se dieron un apretón de manos, y Compromiso salió de la sala.

Reflexiones sobre Cultura y Compromiso

Para tomar un receso de los interrogatorios, McNally salió de la oficina, encendió un cigarro y pensó en lo que había aprendido de Cultura y Compromiso, y anotó en su cuaderno algunas ideas sobre lo que había aprendido.

CULTURA

Aunque Cultura podía recitar enseguida los valores formales de la organización que se mostraban en pósteres en las paredes de la organización, en realidad ella no estaba en sintonía:

- No entendía los verdaderos valores de la organización: las actitudes, creencias y patrones de conducta predominantes que caracterizaban la organización.
- Cuando hay una desconexión entre los valores expresados y el modo en que opera realmente una organización, no se respetan los valores que están en la pared. Los empleados se

vuelven escépticos, incluso cínicos, con respecto a los líderes que dicen una cosa y hacen otra. La cultura y los valores verdaderos siempre hablan más alto que los expresados. Le habría ido mejor a Cambio si hubiera empleado su tiempo en intentar entender y ponerse en consonancia con la cultura y los valores verdaderos de ACME que en buscar consejos de Cultura.

COMPROMISO

Compromiso es un personaje interesante:

- Sabe que las personas tienen mayor probabilidad de aprobar una decisión en la que han tenido influencia que una decisión que otros les imponen. También sabe que sacar a la luz las preocupaciones predecibles que tienen las personas ante el Cambio permite abordar esas preocupaciones, aumentando así la confianza y la aprobación.

- A pesar de su pasión, Compromiso no pudo convencer a los líderes de la organización para que actuaran según su conocimiento y, como resultado, las personas dejadas al margen de su influencia a Cambio recordaron a los líderes que ellos podían hacerle descarrilar o incluso matarlo.

¿Eran Cultura y Compromiso sospechosos viables? A esas alturas en la investigación, McNally no lo sabía. Tenía más preguntas que respuestas.

- ¿Entendió Cambio a Cultura lo suficientemente bien como para ponerse en consonancia con ella o intentar cambiarla?
- ¿Entendieron los altos directivos que aunque es cierto que se pueden tomar decisiones más rápidamente cuando participan menos personas, tales decisiones no se traducen por lo general en una integración de Cambio más rápida, mejor o más sostenible porque no hay Compromiso sin participación?
- Esos directivos que sabían mucho sobre Cultura y Compromiso, ¿hicieron todo lo posible para ayudar a Cambio a llegar a ser una parte real de la organización?

Sospechoso #3: Patrocinio

SEGURO Patrocinio era un anuncio andante en una revista masculina de moda. Desde sus brillantes zapatos hasta su cabello perfecto, no había dejado pasar ni un solo detalle. El agente McNally echó un vistazo a su propia camisa arrugada, su corbata aflojada y sus zapatos negros sin brillo, y tomó una nota mental que decía que no podía permitirse que Patrocinio le disgustara debido a su imagen. Sin pasión alguna, McNally preguntó:

—Bien, ¿qué hace usted aquí en la organización?

Una de las principales tareas que yo tengo —respondió Patrocinio— es ser el patrocinador del importante esfuerzo de Cambio aquí y asegurar que tengamos un Equipo de Liderazgo de Cambio que funcione bien junto. Me refiero a que para que Cambio tenga éxito en ACME, debe haber una persona, alguien en una posición influyente, que adopte la postura de lo que yo denomino apropiarse del Cambio. Hacia ese fin, nuestra organización está estructurada de tal modo que yo soy la persona a la que finalmente rinden cuentas la mayoría de departamentos. Desde luego que yo tengo directores y gerentes que se ocupan de las operaciones del día a día, pero el personal aquí es muy consciente de mi posición. Si yo respaldo, digamos un proyecto, los miembros de la plantilla saben que de un modo u otro se va a realizar.

McNally anotó mentalmente que en el discurso de apertura de Patrocinio, había utilizado la palabra *yo* cinco veces en cinco frases.

—¿Y cuántas iniciativas de Cambio ha tenido usted el año pasado? —preguntó McNally.

Patrocinio no dudó.

—Cuatro —le dijo.

Prácticamente sin ningún intento de ocultar su sarcasmo, McNally preguntó:

—Y aparte de confiar en su estatus y posición, ¿qué hizo usted realmente que podría percibirse como un verdadero respaldo?

Patrocinio parecía perplejo, y respondió:

—Yo organicé reuniones y comuniqué mis expectativas.

Se produjo una larga pausa, y finalmente McNally continuó.

—¿Y qué más?

—Tengo directores y gerentes que se ocupan del resto.

—¿Conocía usted bien a Cambio?

—Ah, éramos buenos amigos. A veces jugábamos al golf, y de vez en cuando nos juntábamos para un partido de ráquetbol.

—¿Y qué diría de su relación profesional?

—Sin duda, en esas reuniones yo situaba a Cambio en un primer plano, y no dejaba ninguna duda en la mente de nadie de que yo respaldaba a Cambio completamente.

—¿Y entonces dejaba que sus directores y gerentes lo tomaran desde ahí? —preguntó McNally.

—Bueno, sí. Una de las cosas por las que les pago es para que traten con Cambio.

—Permítame hacerle una pregunta —dijo McNally—. ¿Está casado?

—No.

—Bien. Digamos que usted tiene una novia que un día le dice que le quiere, y después de ese día apenas hablan salvo para saludarse cuando se encuentran en el pasillo. ¿Es esa una relación que usted cree que va a perdurar?

—Bueno, no, probablemente no.

—¿Ve la conexión? —preguntó McNally.

Patrocinio, con expresión de perplejidad, no respondió. A McNally se le agotó la paciencia.

—Mire, ¡no puede esperar que Cambio tenga éxito basándose en que usted le sitúe en el primer plano en algunas reuniones! —y sopesando sus palabras cuidadosamente, McNally se puso de pie y comenzó a caminar de un lado a otro por la sala—. Usted está sobreestimando el poder de sus palabras; como Patrocinio, usted debe hacer algo más que presentar a Cambio. Debe usted ser visible y respaldar mucho más allá de las reuniones introductorias, y debe permanecer conectado a Cambio mediante el proceso de cambio. Su papel es hacer que participen Roberto Responsabilidad e Isabella Incentivo, pues lo que usted refuerce es tres veces más potente que lo que diga. ¿Entiende?

McNally miró a Patrocinio, quien parecía hipnotizado por su propio reflejo en la ventana de la sala de interrogatorios.

—¿Entiende? —repitió McNally elevando la voz.

Patrocinio se giró y le miró.

—Nunca pensé mucho en lo que yo tenía que hacer para ayudar a Cambio a tener éxito —respondió con sinceridad en su voz—. Supongo que pensaba que debido a mi posición en la organización, podía conseguir que la gente aprobara a Cambio solamente haciendo un anuncio.

Los comentarios de Patrocinio fueron interrumpidos por el sonido de su celular, y para gran

disgusto de McNally, Patrocinio respondió a la llamada y salió de la sala de conferencias.

McNally dio un suspiro. Había sido casi impo-
sible meterse en el horario de este sospechoso, y
McNally no sabía cuándo podría volver a verlo.

Sospechoso #4:
Equipo de Liderazgo de Cambio

EL AGENTE McNally sacó su pequeño cuaderno negro y miró la lista. Hasta ahora había interrogado a Carolina Cultura, Cándido Compromiso y Seguro Patrocinio, y el siguiente en la lista era Emilio del Equipo de Liderazgo de Cambio.

McNally sabía por anteriores casos que un Equipo de Liderazgo de Cambio era un ingrediente clave para integrar a Cambio en la organización. Los miembros de este grupo eran escogidos debido a su influencia en la organización y, con bastante frecuencia, los miembros del Equipo de Liderazgo de Cambio tenían poder por su posición; es decir, su título o posición en la organización causaba que las personas les prestaran atención, pero ese no era siempre el caso. Un líder sabio que forme un Equipo de Liderazgo de Cambio incluiría también a líderes informales de todos los niveles de la organización, personas con fuertes habilidades técnicas o relacionales en el área en la que iba a ser introducido Cambio. Para que Cambio pueda tener éxito, es necesario que muchas voces expongan argumentos en favor de Cambio.

Cuando McNally entró en la sala, no tenía ninguna duda con respecto a quién estaba sentado en el extremo opuesto de la mesa, en el mismo lugar donde había muerto Cambio. Emilio del Equipo de Liderazgo de Cambio era inmenso; sus bíceps debían de triplicar el tamaño de los de un hombre común. Donde sus hombros se unían a la cabeza, había muy poca evidencia de que hubiera un cuello.

El agente McNally se presentó con nombre y apellido, y el señor Equipo de Liderazgo de Cambio respondió igualmente.

—Mire —añadió—, la mayoría de los compañeros me llaman «Pecs». —Apretó sus músculos pectorales, tensando los extremos de su camisa—. Tenga la libertad de llamarme Pecs si lo prefiere.

Eso sirvió a McNally de recordatorio de que debería comenzar a ir al gimnasio, como había resuelto hacer el día de Año Nuevo.

—Muy bien, Pecs, ¿conocía bien a Cambio? —inquirió McNally.

—Yo diría que bastante bien —respondió Pecs—. Cambio llevaba aquí solamente cinco o seis meses, y necesitaba ser elevado en la organización; necesitaba que otros lo consideraran importante, y esa era mi tarea, ya sabe, sostener a Cambio.

—¿Y no le resultaba pesado, al sostenerlo así todo el tiempo? Debió de haber sido agotador —dijo McNally.

—Ese es un modo de verlo, supongo, pero yo lo consideraba en realidad ejercicio gratuito. ¿Ve estos bíceps? —dijo Pecs mientras los flexionaba—. Los desarrollé unos cinco centímetros desde que Cambio llegó aquí.

McNally observó la descarada autoconfianza de Pecs.

—Oiga, ¿le importa si agarro una botella de agua? —preguntó Pecs mientras miraba el pequeño refrigerador que había en el rincón.

—Claro que no —dijo McNally—. Enviaremos la factura a Presupuesto.

Los dos se rieron. Cuando Pecs se levantó y fue al refrigerador para agarrar la botella, el agente McNally casi se cae de la silla. De cintura para arriba, el tamaño de Pecs podía ser el doble de un culturista de talla mundial, pero de cintura para abajo tenía, bueno, lo que en la mente de McNally eran piernas de palillo. McNally tenía en su cabeza la imagen de unas patas de caniche caminando con torso de pitbull. Cuando Pecs agarró el agua, regresó a su silla.

Esta nueva imagen de Pecs condujo a McNally a cambiar su línea original de interrogatorio.

—Entonces, ¿su tarea principal era sostener a Cambio? —le dijo.

—Correcto —replicó Pecs con lo que parecía ser una nota de orgullo.

—¿Y quién lo trajo a la organización? —preguntó McNally.

—No sé a qué se refiere.

—Es una pregunta sencilla. ¿Quién lo trajo a la organización?

Pecs parecía perplejo, y estaba callado.

McNally sabía por experiencia que es necesario un equipo de liderazgo para llevar a Cambio a la organización si se espera que Cambio sea eficaz. Recordaba una organización donde había trabajado recientemente y que entendía eso. Estaban introduciendo un Cambio y habían formado un equipo de liderazgo compuesto por miembros que habían dirigido Cambios exitosamente en el pasado. Esas personas tenían el tiempo necesario para dirigir a Cambio, eran muy diestros, sabían comunicar bien, y eran lo suficientemente diversos para evitar el pensamiento grupal e introducir e integrar a Cambio en la organización. En pocas palabras, tenían el talento para impulsar a Cambio.

McNally continuó.

—Una cosa es sostener a Cambio todo el día, y otra distinta es incorporarlo a la organización, relacionarse con las personas que pueden verse afectadas por él.

—Mire —dijo Pecs con su cara enrojecida—, yo hice lo que me correspondía en cuanto a Cambio.

—Desde una perspectiva exterior —replicó McNally—, más bien parece que usted utilizó a Cambio para beneficio de sus propios planes, para desarrollar y flexionar sus propios músculos; pero en realidad no pensaba en lo que necesitaban Cambio o la organización. Quizá —continuó McNally—, mi última afirmación fue un poco fuerte, pero si me permite decirlo, es obvio que usted trabajó mucho para desarrollar la fuerza de su torso, y estoy seguro hasta cierto grado de que tenía en mente el bien de Cambio y de la organización; pero no puedo entender cómo pudo incorporar a Cambio en la organización sin detenerse frecuentemente para descansar.

—Tiene razón —admitió Pecs con renuencia—. He estado desequilibrado, pero cuando me miro en el espejo me veo a mí mismo de cintura para arriba. Si no veo mis errores, entonces no tengo que abordarlos. Yo no soy una persona que culpa a los demás, no es ese mi estilo. Seguro Patrocinio habla de formar un equipo cada vez que llega un nuevo Cambio, pero de algún modo parece que la responsabilidad siempre recae sobre mí.

Eso era precisamente lo que había sospechado el agente McNally. Sintiendo lástima por Pecs, McNally dijo:

—Es demasiado tarde para este Cambio, pues ya está muerto, pero llegará otro Cambio y usted puede comenzar a trabajar en la parte inferior de su cuerpo. Puede prepararse para incorporar a Cambio en la organización en lugar de levantarlo unas cuantas veces y después desaparecer. La clave es el balance: tomando esa responsabilidad pesada al principio y después continuar apoyando a Cambio durante el proceso de su implementación.

Pecs asintió con la cabeza y dijo:

—Gracias. ¿Me está acusando a mí? —preguntó con un tono de preocupación.

—No estoy acusando a nadie hasta que la investigación esté completa.

—¿Hemos terminado? —inquirió Pecs.

—Por ahora. No tiene usted planes de ir a ninguna parte, ¿cierto?

—Solamente al gimnasio —dijo Pecs con una ligera sonrisa—. Tengo que hacer algunas sentadillas.

Sospechoso #5: Comunicación

UNOS MINUTOS después de que se fuera Pecs, Clara Comunicación llamó a la puerta de la sala de conferencias y entró. McNally se puso de pie.

—Hola, soy el agente McNally. Gracias por su tiempo.

Comunicación respondió con una sonrisa casi imperceptible y asintiendo educadamente con la cabeza. Su cabello negro le llegaba hasta los hombros, y llevaba puestos grandes lentes negros.

Se acomodaron en sus respectivas sillas, y McNally comenzó.

—Supongo que sabrá por qué he solicitado hablar con usted.

Comunicación asintió.

—¿Puede describir su relación de trabajo con Cambio? —preguntó McNally.

Ella respondió con un susurro.

—Tendrá que disculparme, pero tengo laringitis y...

—¿Preferiría posponer las preguntas? —interrumpió McNally.

—No, no —dijo ella susurrando—. Es casi un estado crónico —continuó Comunicación—. Cambio y yo trabajamos juntos en varios proyectos. Él me pidió ayuda para difundir la voz a las personas que tenían que involucrarse.

—¿Pudo usted ayudarlo? —inquirió McNally.

Comunicación ahuecó la mano y la acercó a su oreja.

—Lo siento, ¿podría repetir la pregunta? Hace bastante que se agotaron las baterías de mi audífono y no he tenido tiempo para cambiarlas.

—¿Pudo usted ayudarlo? —preguntó McNally elevando la voz.

—Ah, sí. Le ayudé a redactar algunas circulares y a componer unos guiones gráficos; y él me invitaba a la mayoría de sus reuniones para hablar a la gente sobre sus planes.

McNally hizo una mueca. Había aprendido con los años que aunque uno de los papeles de Comunicación era hablar, el otro papel era escuchar. Conocía a muchos en la posición de Comunicación que eran habilidosos con sus palabras y les gustaba hablar a otros de lo que sabían sobre Cambio, pero quienes destacaban en promover el Cambio además sabían escuchar bien.

Con voz fuerte, McNally hizo una clara transición.

—¿A quién conoce usted que querría ver a Cambio fuera del panorama?

—No puedo decirlo —susurró ella casi de modo inaudible.

—¿No puede decirlo, o no quiere decirlo? —demandó McNally.

Comunicación abrió su pequeño cuaderno, garabateó unas palabras y acercó el cuaderno a McNally. La nota decía: *No puedo decirlo. Me he quedado sin voz. A veces me pasa; lo siento. No sé quién querría matar a Cambio.*

Ahora era McNally quien garabateaba. Dio otra vez el cuaderno a Comunicación, y ella leyó: *¿Puede explicarme cómo puede desempeñar su papel de modo competente cuando parte del tiempo no puede hablar?*

Clara Comunicación miró a McNally, forzó una breve sonrisa y tomó otra vez el cuaderno y la pluma. *Tengo una persona de la plantilla que me ayuda*, escribió.

McNally dio un suspiro.

—Por favor, hábleme más de esa persona —le dijo—. ¿Qué hace él o ella?

Ella escribió: *Se llama Comité. Cuando tenemos un problema difícil que abordar y yo tengo laringitis, Comité convoca a un grupo de personas, y después dirige las conversaciones en esas reuniones.*

—¿Le resulta competente Comité? —pregunto McNally dudoso.

Ella escribió: *Hace que las cosas sigan adelante.*

Controlando su exasperación, McNally suspiró profundamente y respondió.

—Le pregunté si él era eficaz. Creo que hacer que las cosas sigan adelante no es sinónimo de eficacia.

McNally había trabajado anteriormente con Comités. La mayoría se reunía regularmente pero carecía de Planes concretos y de Responsabilidad. Con frecuencia se apelaba a la Delegación en esas reuniones, pero estaban notablemente ausentes Seguimiento y Consecuencias.

Comunicación miraba fijamente a McNally. No agarró la pluma.

—Está bien —dijo McNally—, puede irse. Puede que necesite hablar con usted otra vez, y quizá querría hablar también con Comité, así que quédese por aquí.

Reflexiones sobre Patrocinio, Equipo de Liderazgo de Cambio, y Comunicación

EL AGENTE McNally se sentía muy desilusionado después de los interrogatorios a Patrocinio, Equipo de Liderazgo de Cambio (alias «Pecs»), y Comunicación. En todos sus años como agente, McNally jamás había visto un fallo de liderazgo tan extendido.

Había escogido el caso equivocado para intentar dejar de fumar. Salió de la oficina, encendió un cigarro, dio unas cuantas caladas y pensó en lo que había aprendido de los tres sospechosos a los que acababa de interrogar. Anotó sus conclusiones en su cuaderno, esperando que otros pudieran usarlas para evitar cometer los mismos errores:

PATROCINIO

Aunque puede que Patrocinio hubiera dicho todas las cosas correctas debido a su agrado por oírse hablar a sí mismo, sus errores eran muchos:

- No era ejemplo de las conductas que se esperan de otros, ni parecía saber que las acciones hablan más alto que las palabras.

- No hizo equipo con Incentivo para reconocer y reforzar las conductas deseadas entre otros.

- No hizo equipo con Responsabilidad para mostrar a la organización su seriedad con respecto a este Cambio.

- No prestó atención al consejo de Compromiso sobre asegurar a Cambio sacando a la luz y abordando preocupaciones e involucrando a personas a quienes se les pedía cambiar en el proceso de toma de decisiones.

- No seleccionó y formó un Equipo de Liderazgo de Cambio bien cualificado; por el contrario, asignó pasivamente la implementación de Cambio a sus subalternos directos.

El agente McNally consideró cuán a menudo cree Patrocinio que Cambio solamente necesita una buena presentación para tener éxito; pero cuando Patrocinio no hace un seguimiento, Cambio fracasa. De nuevo, es difícil involucrarse activamente en ayudar a Cambio a tener éxito desde el campo de golf.

EQUIPO DE LIDERAZGO DE CAMBIO, ALIAS «PECS»

McNally reflexionó en lo que había aprendido sobre Pecs:

- Dejó pasar una oportunidad de oro de incluir a defensores de Cambio en el equipo de liderazgo diario.
- Se confabuló con Compromiso; ambos trataron como espectadores a aquellos a quienes se les pedía cambiar en lugar de tratarlos como participantes activos en el proceso de cambio.
- Igual que a Patrocinio, se consideraba hipócrita a Equipo de Liderazgo de Cambio, y su conducta proporcionó una excusa más para que la gente se resistiera a Cambio.

COMUNICACIÓN

Comunicación también tuvo fallos:

- No permaneció en contacto con Patrocinio y Equipo de Liderazgo de Cambio, y eso condujo a mensajes desiguales y diversos con respecto a Cambio en la organización, lo cual a su vez se convirtió en una excusa fácil para que la gente ignorara a Cambio.

- Estaba demasiado enfocada en difundir el mensaje y no lo suficiente en crear diálogo para que posibles preocupaciones de la gente con respecto a Cambio salieran a la luz y se abordaran.

Sintiéndose un poco asqueado, McNally apagó su cigarro. Demasiada nicotina; ¿o liderazgo insuficiente? Probablemente ambas cosas.

Sospechoso #6: Urgencia

EL INTERROGATORIO a Diligente Urgencia estaba programado para las 3:00 P.M. Urgencia entró con mucha calma alrededor de las 3:15, se excusó para ir a buscar una taza de café y regresó, listo para ser interrogado, a las 3:25. *No es una buena señal*, pensó McNally.

—¿Sabe por qué está usted aquí? —preguntó McNally, mirándole fijamente.

—Claro, claro. Cambio fue asesinado anoche precisamente aquí en esta sala de conferencias. Solo los líderes por lo general tienen acceso a esta zona del edificio, así que naturalmente seríamos nosotros los primeros sospechosos.

Urgencia se había tomado su tiempo para llegar a la reunión y sentarse en la silla, pero ahora que estaba sentado no dejaba de moverse, comprobando repetidas veces su reloj y mirando a la puerta.

—¿Tiene que agarrar un avión? —preguntó McNally con un claro sarcasmo.

—Mire —respondió Urgencia sonrojándose—, lamento que Cambio haya muerto. Lo siento de verdad, pero tengo muchas cosas de las que ocuparme. Yo no maté a Cambio; apenas lo conocía. ¿Qué motivo tendría yo? Esta entrevista o comoquiera que usted lo llame es una pérdida de mi tiempo.

—Anotado —dijo McNally secamente—. ¿Y dónde estuvo usted ayer entre las 6:00 A.M. y el mediodía?

—Pero creía que lo mataron anoche, ¿no? —cuestionó Urgencia.

—Quizá fue así o quizá no. Solo responda a la pregunta —dijo McNally.

—Tengo que consultar mi calendario —replicó Urgencia.

—Yo seguiré aquí —dijo McNally mientras se reclinaba en su silla y ponía los pies encima de la mesa de la sala de conferencias.

Cuando Urgencia salió de la sala, McNally cerró los ojos y reflexionó en sus casos del pasado. Sabía que para que Cambio sobreviva, los líderes deben enviar a Cambio con Urgencia y los directores deben aceptar a Cambio con Urgencia, y entonces presentar a Cambio con Urgencia a sus plantillas de personal. En esas organizaciones habían ido y venido otros Cambios, pero los que fueron presentados con Urgencia tuvieron más posibilidad de ser exitosos. Cuando Urgencia rindiera al máximo, haría lo siguiente:

- Enviaría mensajes claros y regulares con respecto a quién es Cambio y lo que se espera de él.
- Comunicaría unos argumentos convincentes para apoyar la necesidad de Cambio.
- Expresaría la crisis o la oportunidad que necesita un Cambio y lo comunicaría de manera clara y radical.

Al oír regresar a Urgencia, McNally abrió sus ojos y volvió a poner los pies en el piso.

—Llegué aquí exactamente a las siete-cuarenta —dijo Urgencia mientras consultaba el calendario que tenía en la mano—. Hubo una reunión a las siete y media a la que llegué un poco tarde, y después estuve en reuniones todo el día.

—¿Sin recesos entre las reuniones? —cuestionó McNally.

—Bueno, sí, algunos; pero yo no habría tenido tiempo para… —hizo una pausa—. Mire, ¡yo no lo hice! —exclamó.

—¿Cómo presentó a Cambio a los gerentes de ACME?

—Veamos. Cambio comenzó aquí hace unos seis meses. Lo trajimos porque nuestros competidores estaban haciendo que nuestra cuota de mercado encogiera. Tuvimos varias reuniones formales, y yo hice saber a los gerentes que me parecía que el papel de Cambio sería muy importante, y entonces, bueno, los gerentes en cierto modo lo llevaron desde ahí.

—Lo llevaron, ¿dónde? —preguntó McNally.

—A la plantilla de personal —musitó Urgencia.

—¿Cómo sabe que Cambio salió hacia la plantilla de personal?

—Bueno, en varias ocasiones vi a Cambio en el comedor con gerentes y gente de la plantilla de personal —respondió Urgencia a la defensiva.

McNally se levantó y comenzó a caminar de un lado a otro.

—Mire, los dos sabemos lo que sucede aquí. Cambio era el recién llegado, y era tarea de usted no solo presentarlo a la organización, sino también lograr que se integrara; también era su tarea comunicar unos buenos argumentos racionales en favor de Cambio de modo que motivaran a los directores y al personal a ver la necesidad inmediata de Cambio y lo aceptaran. Su calendario está tan saturado de reuniones superficiales que ha perdido su sentido de las prioridades. Se supone que es usted el señor Urgencia, pero ni siquiera llega puntual a una reunión. Me pone usted enfermo, ¡váyase de aquí!

Sin decir ni una sola palabra, Urgencia se levantó y se dirigió a la puerta; justamente antes de que la cerrara, McNally le dijo:

—¡No se vaya de la ciudad!

Sospechoso #7: Visión

McNALLY tenía la siguiente reunión con otro miembro del equipo de liderazgo: Victoria Visión. Cuando ella entró, él no pudo evitar observar la ironía de que llevaba puestos unos lentes de color rosado. *¿Por qué no?*, pensó McNally. Si Comunicación tenía frecuentes ataques de laringitis y llevaba audífono, ¿por qué no podía llevar Visión unos lentes de color rosado?

McNally conocía muy bien el poder de Visión en una organización, en especial cuando se trataba de Cambio. La única responsabilidad de Visión era abstraerse de las operaciones del día a día y ver la organización y su desempeño no como son en el presente, sino como podrían ser o serían mañana, al mes siguiente, al año siguiente, y así sucesivamente. De hecho, esa era la parte fácil de su trabajo; la parte difícil era lograr que otros captaran destellos e imágenes de lo que ella estaba viendo.

El papel, la posición y el estatus de Visión en la organización le permitían rebasar los detalles minuciosos de las operaciones diarias. McNally sabía que la mayoría de los miembros de la organización no tenían ese lujo. Visión miraba hacia arriba y hacia fuera mientras la mayoría de los demás miraba hacia abajo y hacia dentro. Para que Visión tenga éxito, debe lograr que otros miren hacia arriba y hacia fuera, imaginen el futuro y entonces recalibren sus actividades para atraerlos hacia ese futuro. La necesidad de ese papel se intensificaba siempre que Cambio se subía también al barco.

McNally pensó: *Dudo que esta mujer sea capaz de inspirar a otros a ver lo que ella ve. Con esos lentes, ella es demasiado optimista y probablemente esté fuera de contacto con la realidad de la organización.*

Visión se sentó, se quitó los lentes y comenzó a limpiarlos minuciosamente con un pañuelo. Para McNally, Visión parecía relajada.

—Yo no lo hice —dijo Visión calmadamente.

—No hizo ¿qué? —dijo McNally.

—No maté a Cambio.

—¿Sabe quién lo hizo?

—Mire, todos hemos estado hablando. Yo tengo mis sospechas, pero eso es lo único que son: sospechas. No tengo ninguna prueba.

—¿Le importaría compartir conmigo sus sospechas?

Visión dejó de frotar los cristales de sus lentes; miró directamente a McNally y, tras un momento, dijo:

—Bien, pero tiene que quedar entre nosotros. Creo que algunos de la plantilla de personal mataron a Cambio.

—¿*Algunos* de la plantilla? ¿No uno de la plantilla? —preguntó McNally.

—Podría haber sido solamente uno, pero creo que fue un grupo.

—¿Un grupo? ¿Qué grupo?

Antes de que Visión pudiera responder, alguien llamó a la puerta. Anna dejó dos menús delante de ellos y dijo:

—Sé que ustedes dos no almorzaron. Pongan en un círculo lo que quieran, y regresaré en unos minutos para recogerlo.

Los dos obedecieron, echando un vistazo a sus respectivos menús. Cuando McNally terminó de señalar lo que quería, levantó la vista y observó que Visión había puesto a un lado sus lentes con cristales rosados y se había puesto un par de lentes con cristales tan gruesos como el fondo de las botellas para leer el menú.

La ironía aumenta por momentos, musitó McNally para sí.

Visión completó su tarea, volvió a meter los lentes como fondos de botellas en su funda, metió la funda en su bolsillo y volvió a limpiar sus otros lentes.

—¿Dónde estábamos? —preguntó Visión—. Ah, sí, el grupo. No puedo decirlo con seguridad, pero si yo fuera un agente que trabaja en este caso, husmearía un poco por el departamento de Adquisiciones. Aunque, desde luego, yo no le he dicho nada.

El agente McNally puso el cebo en el anzuelo y se puso a pescar.

—Así que si usted fuera un agente que trabaja en este caso y resultara entrar en el departamento de Adquisiciones, ¿cuál sería la primera pregunta que haría?

—Veamos. Primero, lanzaría un par de preguntas inocentes, para hacer que estuvieran cómodos conmigo. Entonces podría preguntar cómo iba el nuevo proceso de inventario «justo a tiempo».

—Supongo que no va bien.

—Usted es un agente brillante —respondió Visión.

—¿Cuándo pasaron a ese nuevo proceso?

—Hace unos cinco o seis meses.

—¿Fue una transición importante para ellos?

—Sí, sin duda. Nuestro inventario nos estaba matando —la cara de Visión se volvió roja de repente—. ¡Lo siento! Decir «matando» no ha sido una buena elección de palabras.

—¿Conocían bien a Cambio las personas en ese departamento?

—No creo que se conocieran bien unos a otros. Conocidos, diría yo; solamente conocidos.

—Pero ¿no es esa la tarea de usted? ¿Asegurarse de que los empleados puedan imaginarse a sí mismos con Cambio en el futuro?

Visión miraba fijamente a McNally sin expresión.

—Me refiero a que usted admitió que este Cambio era una transición importante para ese departamento. Si ellos han estado operando bajo un paradigma durante años y de repente se les informa que necesitan hacer un giro de 180 grados, ¿no cree que sus posibilidades de éxito serían mayores si Cambio fuera algo más que un mero conocido?

—¿Acaso está insinuando que esto es culpa mía? —preguntó Visión.

—¿Dónde estuvo usted ayer por la mañana? —inquirió McNally.

Visión ahora parecía nerviosa; limpiaba sus lentes con más intensidad.

—De las siete a las ocho estuve en una reunión de la junta; estuvimos repasando el borrador del plan estratégico. Después de eso estuve solucionando papeleo en mi oficina hasta las diez menos cuarto, y entonces tuve que irme porque tenía una cita de optometría.

Ironía, ironía, ironía, pensaba McNally.

Visión continuó.

—Mire, yo no tengo ningún motivo. La mayor parte de mi trabajo gira en torno a tres cosas: prestar atención a nuevas tendencias y tecnologías, buscar nuevas ideas y oportunidades, y crear un cuadro del futuro que sea inspirador. Yo necesito a Cambio. ¿Por qué querría matarlo?

Quizá ella no es tan incapaz como yo pensaba que era, musitó en silencio McNally.

—No le estoy acusando de matar a Cambio —dijo McNally. *Pero usted no evitó que muriera*, pensó—. Aun así, no quiero que se vaya a ninguna parte durante unos días.

Llamaron otra vez a la puerta, y Anna regresó para recoger los menús. Visión, con aspecto pálido, se levantó y volvió a ponerse sus lentes.

—No tengo hambre —dijo, y salió de la sala.

Reflexiones sobre Urgencia y Visión

Mientras McNally estaba sentado solo y esperaba a que llegara su almuerzo, pensaba en lo que había oído y no había oído de Urgencia y Visión. Se estaba quedando sin espacio en su cuaderno, así que comenzó a usar la contracara de las páginas para anotar sus ideas.

URGENCIA

Urgencia era un sospechoso probable sobre la base de su conducta incoherente:

- Intentó lograr que la gente aceptara a Cambio, pero nunca los convenció de que el *statu quo* ya no era una opción viable.
- Descuidó pasar tiempo suficiente con quienes sentían el dolor del *statu quo*.
- No pasó suficiente tiempo con quienes veían la oportunidad de que aumentaran los niveles de desempeño con la integración de Cambio.

- No preguntó a otros por qué pensaban que la organización necesitaba a Cambio. Los argumentos en favor de Cambio son siempre más convincentes cuando a las personas que se les pide que adopten el Cambio se les enfrenta cara a cara con los hechos y se les invita a aportar sus ideas.

VISIÓN

Visión era claramente una sospechosa del asesinato de Cambio:

- No veía con claridad su propia organización.
- Ignoró el consejo de Compromiso. Una Visión creada durante un retiro de ejecutivos en otro lugar no significa mucho para alguien que está en primera línea y que no tuvo voz alguna en la visión. Cuanto más pueda lograr Visión que la gente se involucre en el proceso de desarrollo de esa visión, más probable será que ellos quieran ser parte de la organización en el futuro.
- No aseguró la aceptación necesaria para alcanzar su visión inspiradora. La mayoría de líderes, intentando iniciar un Cambio, anuncian el Cambio («¡Esto es lo que vamos a hacer!»),

establecen expectativas poco claras o confusas («¡Vamos a elevar el listón!»), envían a la gente a formación y celebran la victoria prematuramente. Se olvidan de dibujar un cuadro inspirador «pos-Cambio» de la organización que incluya en él a su gente.

Sospechoso #8: *Plan*

PEDRO Plan era el siguiente que tenía que llegar para el interrogatorio, y a McNally le irritó que él, como Urgencia, no fuera puntual. Plan había llamado para decir que iba de camino desde el aeropuerto y que estaría allí en diez o quince minutos.

Cuando Plan llegó, McNally se sorprendió a verlo vestido con una chaqueta de cuero con un emblema de alas en cada manga. Dejó caer una pesada valija negra a sus pies.

—Usted debe de ser el agente McNally —Plan sonrió mientras se disponía a dar a McNally un apretón de manos—. Siento llegar tarde. Sí, siento llegar tarde. Hace un día tan hermoso que tenía que aprovecharlo. Despegué esta mañana. No había ni una sola nube en el cielo, y acabo de regresar.

McNally terminó el apretón de manos y le indicó a Plan que se sentara.

—Gracias por venir. Supongo que sabe por qué he pedido poder hablar con usted.

—Sí, sí, ya lo sé. Es algo terrible, la muerte de Cambio. Una tragedia, sin duda.

—Permítame comenzar, si no le importa, preguntándole qué hace usted aquí.

Plan se quedó en silencio, pensando profundamente. McNally se aclaró la garganta e hizo regresar a Plan al presente.

—Ah, sí. Lo que hago aquí. Lo que hago aquí. Veamos, bueno, se podría decir que mi papel principal aquí es preparar a ACME para los Cambios que llegan.

—¿Estratégicos o tácticos? —inquirió McNally.

—No entiendo la pregunta —respondió Plan.

Era tarea de Plan conocer esos términos. Con un matiz de sarcasmo, McNally dijo:

—Sí que conoce la diferencia entre estratégico y táctico, supongo...

—Claro que conozco la diferencia —respondió Plan un poco a la defensiva.

—Entonces cuando está preparando a ACME para esos Cambios, ¿participa usted de manera estratégica, táctica, o de ambas?

—Ah, ya veo —dijo Plan mientras regresaba una sonrisa a su cara—. En su mayor parte, estratégicamente —hizo una pausa y pareció pensativo por un momento—. Mire, creo que por eso me gusta tanto volar; tener un panorama general. No hay nada como eso.

Se produjo una larga pausa, y entonces Plan dijo:

—Puede que esto parezca una locura, pero me gustan todos los Cambios que se proponen. Es un verdadero reto para la materia gris —con uno de sus dedos se dio unos golpecitos en la cabeza—. Me encanta teorizar sobre cómo podría encajar el Cambio y cuál será el resultado esperado. Es el mismo sentimiento que tengo cuando estoy en control de un buen aeroplano. ¡Es una sensación estupenda!

—Pero no hay duda de que no puede llevarse a dar una vuelta por el aire a cada actividad o proyecto asociado con un Cambio. No es razonable que pueda usted pilotarlos a todos, ¿no es cierto? Debe de tener algún tipo de proceso de selección, ¿cierto?

—Solía tenerlo —respondió Plan—. Tenía una colega, pero ya lleva un tiempo de baja por enfermedad. Se llama Priorización. Trabajaba en la torre; me refiero a la torre de control de tráfico, y era bastante insistente en las regulaciones. Mi filosofía es un poco distinta a la de ella y, bueno, a decir verdad, me cuesta mucho decir que no. De todos modos, en realidad no me ocupa mucho tiempo, y si empleamos un Cambio y no funciona, no se hace ningún daño, ¿verdad?

McNally no respondió.

—Supongo que la parte de «no se hace ningún daño» —añadió Plan con expresión de vergüenza— depende de a quién se le pregunte. Debo admitir que Firme Presupuesto sigue mi argumentación en cuanto al número de proyectos que emprendemos con cada Cambio.

—Sin duda me ha dado mucha información buena sobre cómo desarrolla la parte estratégica de su trabajo —dijo McNally—, pero debe de dedicar al menos algún tiempo y energía a la parte táctica, pues si no, nunca podría ayudar a Cambio, o si puedo expresarlo de otra manera, no podrá despegar de la pista.

—Trabajo de Infraestructura —replicó Plan.

—¿Infraestructura? —preguntó McNally.

—Sí, él es el hombre táctico. Se podría decir que no es plato de mi gusto. Él trabaja en los procesos de negocio y el desarrollo de herramientas para apoyar esos procesos de negocio para Cambio, creo.

—¿Cree? —inquirió McNally con sarcasmo.

—Mire —respondió Plan—, no hay ninguna necesidad de ponernos irritables. Solamente le estoy transmitiendo lo que me han dicho, e intento responder a sus preguntas lo mejor que puedo. Supuestamente, Ira Infraestructura trabaja con Daniel Gerencia de Desempeño y con Isabella Incentivo para asegurarse de que los empleados dispongan de la tecnología y los sistemas para trabajar con Cambio. Pero debe entender que yo paso la mayor parte de mi tiempo en el aire, de modo que pueda ver el panorama general, la vista estratégica, se podría decir. A Victoria Visión y Seguro Patrocinio les gusta subir conmigo de vez en cuando, pero Infraestructura, él trabaja a nivel de tierra. Así que para ser sincero, en realidad no estoy seguro de lo que hace; tendrá que preguntarle a él.

Con un claro sarcasmo, McNally preguntó:

—¿Alguna vez baja de las nubes el tiempo suficiente para planear los detalles de cómo debería implementarse el Cambio?

Plan tomó aire y soltó un suspiro largo y profundo para controlar su impaciencia.

—Repito, agente McNally, puedo decirle lo que yo creo que sé, pero no puedo estar en dos lugares al mismo tiempo. Además de Infraestructura, Medida tiene que prestar atención a todos los detalles; él tiene que trabajar con Gerencia de Desempeño y Cambio para definir resultados que resulten en servicio y calidad. Supuestamente, Medida analiza los resultados de ACME y los compara con esos parámetros. Y antes de que me pregunte —dijo Plan levantando una mano en una postura defensiva—, nunca he conocido personalmente a Medida. Me mantengo ocupado, bueno, planeando.

McNally estaba harto de esa mentalidad de «no es mi responsabilidad».

—Déjeme hacerle otra pregunta —le dijo—. Ya que le gusta tanto volar, ¿quién asegura que un vuelo se desarrolle con normalidad? —preguntó McNally.

—Yo lo hago —respondió Plan con expresión de confusión en su rostro—. Yo soy el piloto.

Plan ladeó su cabeza, sin estar seguro de hacia dónde quería ir McNally con su pregunta.

—No vuelo con tanta frecuencia como usted —continuó McNally—, pero esto es lo que creo saber. Para tener un vuelo exitoso, se necesita un plan de vuelo. Cuándo, dónde, cómo, cuán rápido, etc. ¿cierto?

Plan comenzaba a responder pero un gesto de McNally lo detuvo.

—Y como hay más de un avión en el aeropuerto esperando aterrizar o despegar, se necesita un control de tráfico aéreo, ¿correcto? —preguntó McNally—. Tener demasiados aviones despegando, aterrizando y cruzando por las pistas sería bastante peligroso, ¿no cree? ¿Y no tendría un buen piloto cierto conocimiento de su gente: la tripulación de tierra, mecánicos y todos los demás que se aseguran de comprobar todo antes de que se inicie el vuelo?

Tras otra larga pausa, Plan pareció entender que McNally esperaba una respuesta a esa última pregunta.

—Bueno, sí —su voz era casi un susurro.

Echándose hacia adelante en su silla, McNally dijo seriamente:

—Permítame relacionar ese «buen vuelo» con su papel aquí. Como el señor Plan, usted es el piloto de los nuevos Cambios que están en el espacio aéreo de su organización, y debido a que usted nunca ha visto una idea mala, está preparando a su organización para lo que yo llamo «muerte por mil iniciativas». Priorización debe regresar a la organización y usted debe practicar control de tráfico para Cambio. Su gente y Presupuesto solo pueden manejar cierto número de Cambios a la vez, y usted debe tomar el control de sus procesos. Infraestructura, Medida y Priorización deben trabajar unidos cuando Cambio esté listo para despegar; y usted, Plan, como el piloto que es, es el responsable último del viaje. Aunque debería tener la expectativa de que su tripulación y otros harán bien sus tareas, Responsabilidad también debe estar a bordo. ¿Conoce a Roberto Responsabilidad?

—He oído de él, pero no lo he conocido personalmente —dijo Plan dócilmente.

—No me sorprende —respondió McNally—. Supongo que usted estaba ayer en las nubes cuando Cambio fue asesinado, ¿no?

—Sí.

—Bien, considérese anclado en tierra hasta que haya terminado esta investigación —McNally se levantó y miró fijamente a Plan—. Ya puede irse —le dijo.

De regreso en su oficina, Plan se quitó su chaqueta de cuero de aviador y la lanzó a una silla. Se sentó en su escritorio y se quedó mirando fijamente una hoja de papel en blanco; varias veces intentó escribir, pero no le salían las palabras. *¿Quién se cree que es el agente McNally, hablándome así? ¿Cree de verdad que no me importa el éxito de Cambio? Claro que me importa*, pensó. Su enfoque regresó a su papel en blanco. Había decidido ser más

táctico y desarrollar un plan detallado de implementación de cambio pero, aun así, seguía sin respuestas. *¿Quién podría ayudarme con esto?*, se
preguntaba.

A Plan nunca se le ocurrió que debería hablar
con los empleados de ACME, las personas más
impactadas por Cambio, para ayudar a desarrollar el plan de implementación. Parecía que nunca
había aprendido una lección fundamental sobre el
liderazgo de Cambio:

*

*Quienes planean la batalla
raras veces batallan con el plan.*

*

Sospechoso #9: Presupuesto

Firme Presupuesto era el siguiente en la lista de McNally, que había imaginado cómo sería el aspecto de Presupuesto: bajito, redondito y con una calva incipiente, además de una disposición amarga; pero no podría haber estado más equivocado. Al principio pensó que la mujer que entró en la sala de conferencias estaba en el lugar equivocado, pero ella se presentó con una amable sonrisa.

—Soy Firme Presupuesto, y usted debe de ser el agente McNally. Encantada de conocerlo.

McNally se levantó y le dio un apretón de manos.

—Un placer conocerla, señora —le dijo. Se preguntaba si se estaba ruborizando.

—Algo terrible, terrible —dijo ella mientras se sentaba—. Cambio era un verdadero valor para nuestra organización.

—¿Lo conocía bien? —inquirió McNally, queriendo regresar a la tarea que le ocupaba.

—¿Se puede conocer realmente a alguien? —preguntó ella, reclinándose en su silla y mirando al techo.

—Supongo que usted informa a Seguro Patrocinio, ¿verdad?

—Sí, sí —dijo ella distraídamente—. Si quiere saber quién informa a quién, eso es lo que dice el organigrama, pero usted y yo sabemos que cuando se contrata a alguien que sabe lo que hace, es mejor apartarse de su camino. Sr. Patrocinio no se interpone en mi camino.

—¿Cuál era su relación de trabajo con Cambio? —preguntó McNally.

—La misma que mi relación de trabajo con todos los demás aquí —respondió Presupuesto sin mostrar ninguna emoción y con sus ojos fijos en McNally—. Finalmente yo soy quien lleva en los hombros el peso de la responsabilidad fiscal de ACME. Para eso me contrataron: para asegurar que nuestros inversores obtengan un beneficio de su inversión; tengo que cuadrar gastos con ingresos. Las personas en la organización envían peticiones de capital y yo las sopeso según los criterios que hemos establecido. Trataba a Cambio del mismo modo que trato a todos los demás.

—¿Es seguro suponer, entonces, que usted practica el presupuesto base cero? —preguntó McNally con aire despreocupado.

—¡Vaya, agente McNally! —dijo ella con una sonrisa sarcástica—. Ha hecho un curso de contabilidad por correo, ¿no es cierto? Sí, lo hacemos; ciertamente lo hacemos. Mire, la mayoría de nuestros ejecutivos aquí hacen un buen trabajo en sus respectivas áreas; me refiero a que pueden administrar su personal, su calendario y los componentes técnicos de sus tareas, pero no ven el cuadro general, sino que su enfoque está en las necesidades de sus propios departamentos. No tienen la capacidad de retroceder y administrar las prioridades de la organización en general.

McNally comenzó a sentir que no le caía bien esa mujer, y con sarcasmo descarado, dijo:

—Entonces ¿es eso lo que usted hace? ¿Manejar las prioridades de la organización en general?

—Sí, es mi responsabilidad —dijo ella simplemente.

—¿Es verdaderamente un asunto de habilidad, o quizá es que usted no ha formado o no confía en que los gerentes de ACME evalúen las compensaciones de acuerdo con lo que la empresa va a invertir? —replicó McNally.

—Agente, agente —dijo ella como si estuviera hablándole a un niño—, usted es realmente ingenuo, ¿no? Confío en que los gerentes harán aquello para lo que fueron contratados, pero ¿de verdad cree que pueden ver la organización como yo la veo?

McNally volvió a dirigir la conversación hacia el tema que estaban tratando.

—He tenido la oportunidad de ver las órdenes de compra que Cambio le envió a usted durante los tres últimos meses, y usted denegó prácticamente todas sus peticiones —esperó a que Presupuesto respondiera, pero ella no lo hizo—. Cambio entendía la responsabilidad fiscal, y tenía documentación sobre todas sus peticiones de compras que supusieran una cantidad significativa de dinero. He mirado sus notas, y él había calculado un beneficio de la inversión en todas ellas. ¿Puede explicar por qué no aprobó usted ninguna de esas peticiones?

—Claro que puedo —dijo ella enfáticamente.

—Vamos a oírlo —respondió McNally.

Por primera vez, Firme Presupuesto cambió su tono de voz y habló con menos desdén.

—Parece que usted no entiende que en realidad estoy ayudando a la organización, ¿verdad? Uno de mis papeles clave es prevenir la financiación de un Cambio como el que acaba de morir.

El agente McNally estaba listo para arrestar a Presupuesto por asesinato y leerle sus derechos, pero se retuvo.

—Hábleme más sobre eso —le dijo, queriendo por primera vez seguir escuchando a Presupuesto.

—Yo creo firmemente —continuó ella— que la cantidad de dinero que invierto en un Cambio dado debería ser directamente proporcional a la inversión de esfuerzo y calidad de trabajo que están haciendo Sr. Patrocinio, Sra. Visión, Sr. Urgencia, Sr. Equipo de Liderazgo de Cambio (le llamamos Pecs), Sr. Plan, Sr. Compromiso, Sra. Cultura y Sr. Responsabilidad. Si estos personajes no están haciendo lo necesario para posibilitar a Cambio, no hay razón alguna para que yo comprometa financiación para un Cambio que está destinado al fracaso.

McNally no quería admitirlo, pero comenzaba a estar de acuerdo con Presupuesto. No tenía ninguna pregunta más para ella.

Presupuesto agarró su bolsa de la silla que tenía al lado, sacó su pintalabios y se retocó los labios. Cuando terminó, volvió a meter el pintalabios en su bolsa y se puso de pie. Mirando a McNally, dijo con un tono de voz muy educado:

—Agente McNally, ha sido un placer conocerlo. Llámeme cuando haya resuelto el caso.

Salió de la sala sin mirar atrás.

Una visión de muerte

ESE MISMO día el agente McNally había reservado habitación en un hotel barato cerca de la organización ACME. Después de comprar la cena en un restaurante de comida rápida para llevar, se fue al hotel. La habitación estaba bastante limpia y tenía lo básico: cama, televisor, escritorio y cuarto de baño. Sacó su sándwich y patatas fritas, los puso sobre el escritorio y cambió de canales en el televisor; como siempre, no había nada interesante. Decidió hojear el archivo de Cambio mientras comía, y encontró una nota manuscrita de Cambio:

Lo que puedo hacer es aprovechar las capacidades, ideas y energía de los miembros del personal en ACME para que ellos me consideren valioso, y no perturbador.

McNally dejó sobre la mesa la nota y se dio cuenta de que Cambio poseía un raro talento: respeto por las personas a las que trataba de influenciar.

● ● ● ●

McNally estaba sentado en la sala de conferencias en la misma silla en la que había muerto Cambio. Mientras esperaba a que llegara su primer interrogatorio de la mañana, repasó sus notas sobre el caso.

De repente, sintió un olor extraño. Le costaba un poco respirar y su corazón se aceleraba. Corrió hasta la puerta; estaba cerrada con llave. Comenzó a golpear la puerta y a gritar.

Yo soy el único que está aquí, pensó. Le ardían los ojos y se sentía un poco mareado.

Lo siguiente que supo es que estaba tumbado de espaldas en el piso. Le faltaba el aire, y por momentos se quedaba inconsciente. Cuando abrió los ojos, había sobre él un círculo de caras. Vio a Cultura, Compromiso, Patrocinio, Pecs, Comunicación, Urgencia, Visión, Plan, Presupuesto y otro tipo al que no reconoció que le miraban fijamente y sin expresión. El examinador médico rompió el círculo, se apoyó sobre una de sus rodillas y puso dos dedos en el cuello de McNally. Tras unos segundos, el médico frunció el ceño y meneó la cabeza.

—Demasiado tarde —dijo—. Está muerto.

McNally intentaba hablar para decir: «No, es un error. ¡Estoy vivo!», pero no le salían las palabras. Se esforzó todo lo que pudo e intentó gritar.

• • • •

McNally se incorporó en la cama de una sacudida, despierto por su propio grito. Respiraba como si acabara de correr una carrera, y las sábanas estaban empapadas en sudor. Ahora se daba cuenta de dónde estaba. Solo había sido un sueño. Se limpió el sudor de la frente y su respiración comenzó a calmarse. El reloj marcaba las 5:17 A.M.

Se levantó, encendió un cigarro y se sentó en el borde de la cama. *¿Será así como se sintió Cambio cuando murió?*, se preguntaba. Se quedó sentado y mirando al piso durante varios minutos; finalmente, apagó su puro y se dirigió a la ducha. Aún le quedaba trabajo que hacer.

Sospechoso #10: Entrenador

Cuando Ernesto Entrenador entró en la sala para su interrogatorio, el agente McNally quedó horrorizado. El hombre llevaba la camisa desfajada y manchada; llevaba puesta su gorra de beisbol hacia atrás, no se había afeitado, y mascaba chicle vigorosamente. El agente resumió con una palabra el aspecto de Entrenador: *descuidado*.

Entrenador se sentó, miró a McNally y dijo sin entonación:

—¿Qué está sucediendo?

McNally se enderezó en la silla, un intento inconsciente de mostrarse profesional ante esa criatura tan descuidada.

—Usted es aquí el entrenador, según entiendo —comenzó McNally.

—Sí, ese soy yo —respondió Entrenador. Lanzó su puño al aire, y dijo sin ningún entusiasmo:

—Vamos, equipo ACME.

—¿Y cuál era su relación con Cambio? —inquirió McNally.

—Un tipo de altas instancias, ese era Cambio —respondió Entrenador a la vez que retiraba la silla y ponía ambos pies sobre la mesa—. Un tipo agradable, supongo, pero demasiado apartado para entender el juego, si me lo pregunta.

—¿El juego? —dijo McNally.

—Ya sabe: el juego.

McNally se quedó mirándolo fijamente.

—Lo siento —continuó Entrenador—, supongo que usted nunca ha jugado —que él mascara incesantemente estaba volviendo loco a McNally—. Así es como se juega: Seguro Patrocinio y Victoria Visión, esos tipos de las altas instancias, introducen un nuevo Cambio. Yo me reúno con ese Cambio, pienso en qué campo quiere jugar y después reúno al equipo. Los preparo para el partido.

—Bien, vamos a precisar eso. ¿Qué es lo más importante que hace usted en ACME?

—Entrenar —respondió Entrenador, de nuevo sin emoción.

—¿Podría ampliar eso un poco?

—Nos aseguramos de que el equipo tenga las aptitudes y el compromiso necesarios para el Cambio.

—¿«Nos»? —instó McNally.

—Isabella Incentivo viene a muchos de los entrenamientos, aunque ella es más como una animadora, pues en realidad no conoce las reglas y las mecánicas del juego —replicó Entrenador.

—Esos entrenamientos —dijo McNally—, ¿cómo son? ¿Cuán a menudo los hace? ¿Cuánto duran?

—Depende —dijo Entrenador filosóficamente—. A veces tenemos un solo entrenamiento. Tenemos aquí a muchos jugadores talentosos, pero muchos de ellos tienen que situarse en posiciones nuevas con Cambio, y necesitan práctica antes de salir a jugar. Sr. Cambio siempre quería que yo entrenara más tiempo al equipo, y yo estaba comprometido a hacer lo que pudiera para dar a los jugadores las nuevas habilidades que necesitaban pero, desgraciadamente, mi compromiso era más fuerte que el de Firme Presupuesto. Ella es otra de esas personas de las altas instancias con camisas almidonadas. Uno podría pensar que tomarían tiempo para hablar los unos con los otros; uno dice: entrenar, entrenar, entrenar, y el otro dice: recortar, recortar, recortar. Pero ¿yo qué sé? Solo soy entrenador.

—¿Dónde estaba usted cuando fue asesinado Cambio? —preguntó McNally.

—En mi oficina viendo lo más destacado de la ESPN —respondió Entrenador sin mostrar ninguna señal de vergüenza.

—¿Ha pensado alguna vez en que le entrenen a usted? —le dijo McNally.

—No estoy seguro de entender lo que quiere decir —respondió Entrenador.

—Me parece que la única manera en que el equipo gana es cuando usted y todos los demás están en consonancia y, claramente, eso no está sucediendo ahora. ¿Y si usted y Seguro Patrocinio estuvieran de acuerdo en lo que necesitan los jugadores para desarrollar nuevas habilidades y compromiso con Cambio? ¿Y si usted trabajara con Patrocinio para desarrollar nuevos argumentos que Firme Presupuesto no pudiera denegar? Un buen entrenador podría ayudarle a desarrollar las habilidades que usted necesita para trabajar más eficazmente con Patrocinio y Presupuesto —dijo McNally.

—¿De verdad un buen entrenador podría ayudarme con eso? —preguntó él.

El agente McNally no sabía si reír o llorar.

—Sí; de hecho, un buen entrenador podría ayudarles a todos ustedes, a Cultura, Compromiso, Patrocinio, Equipo de Liderazgo de Cambio, Comunicación, Urgencia, Visión, Plan y Presupuesto, a ponerse en consonancia y trabajar más eficazmente como equipo.

McNally dejó que Entrenador meditara en las posibilidades.

Sospechoso #11: Incentivo

EL AGENTE McNally miró su reloj, y al darse cuenta de que tenía unos minutos antes de que llegara su siguiente entrevistado, decidió salir fuera a fumarse un puro. Ya no llovía, pero hacía frío y el cielo estaba nublado. Se abotonó el abrigo, encendió el cigarro, dio una larga calada y comenzó a pensar en su siguiente sospechosa: Isabella Incentivo.

McNally sabía que las posibilidades de supervivencia de Cambio en la organización disminuían si Incentivo no lo respaldaba, y también era consciente de que cuando muchas personas pensaban en Incentivo, inmediatamente pensaban en dinero. Era cierto que Incentivo usaba a veces el dinero como un aliciente para que las personas aceptaran a Cambio, pero la experiencia de McNally le había enseñado que Incentivo tenía muchas otras opciones para promover la aceptación de Cambio y que el dinero no era siempre la más importante.

Incentivo casi siempre caía bien a todas las personas en la organización, al menos al principio.

McNally recordaba algunos casos en los que Incentivo era la principal sospechosa en el asesinato de Cambio, y fue cuando Incentivo no estaba en consonancia con Gerencia de Desempeño y Cultura. Cuando Incentivo tiene la costumbre de recompensar conductas laborales que son incoherentes con el fundamento que impulsa Cultura y las normas establecidas por Gerencia de Desempeño, el escenario está preparado para la tormenta organizacional perfecta.

McNally oyó su nombre y se giró para ver a Anna en la puerta.

—Su siguiente cita está aquí —le dijo ella.

Dio una última calada a su cigarro y volvió dentro.

McNally entró en la sala de conferencias con el abrigo colgado de su brazo. Una mujer atractiva lo miró, sonrió y dijo:

—Hola.

—Buenas tardes —dijo McNally—. Estoy seguro de que sabe que quiero hacerle algunas preguntas sobre Cambio.

La sonrisa que había en su cara se desvaneció y se le llenaron los ojos de lágrimas. Él agarró una caja de pañuelos de papel y se la entregó, preguntando en voz baja:

—¿Estaban unidos ustedes dos?

Incentivo se secó las lágrimas y se sonó la nariz, hizo un débil intento de sonreír y dijo:

—Sí, sí que lo estábamos.

Pasaron unos momentos. McNally estaba a punto de hacerle otra pregunta pero Incentivo comenzó a hablar.

—Yo lo consideraba un buen amigo. Trabajamos juntos prácticamente cada semana desde que él llegó.

—¿En qué tipo de trabajo?

—Bueno —replicó Incentivo—, a Cambio se le habían ocurrido dos ideas muy buenas. No me pida que le diga nada más, pues realmente no entiendo los detalles que había detrás de lo que proponía, pero Cambio los entendía. Presentó argumentos convincentes para sus propuestas a Equipo de Liderazgo de Cambio y finalmente sus dos ideas fueron respaldadas.

—¿Le ayudó Urgencia con sus argumentos? —preguntó McNally.

—No puedo decir que recuerdo que Urgencia participó. Justo después de cada respaldo, Cambio vino a mi oficina y me pidió ayuda. Su primera idea implicaba a un departamento donde Cambio había pasado más tiempo y, creo yo, tuvo una lectura bastante buena del estilo de gerencia allí, algo que él llamaba «seguidismo». Yo nunca antes había oído ese término, pero Cambio explicó que a menos que pudiéramos llegar a los corazones y las mentes de las personas que iban a ser afectadas por lo que él proponía, sería probable que no tuviéramos éxito.

De nuevo, Incentivo comenzó a darse toquecitos en los ojos con un pañuelo de papel. Continuó.

—Es ahí donde él quería mi ayuda: para intentar encontrar las motivaciones que harían que los empleados aceptaran a Cambio. Mire, mi trabajo aquí es reforzar las conductas de trabajo deseadas que apoyan a Cambio.

—¿Y le ayudó usted? —preguntó McNally.

—Sí. Bueno, en parte, o eso creo. Mire, es muy difícil de decir porque las nuevas expectativas no han estado nunca en su sitio el tiempo suficiente para que lo sepamos con seguridad. Estoy segura de que pude ayudar a algunos con la parte de aceptar, sin embargo.

—¿Qué motivaciones usó usted? —inquirió McNally.

Incentivo se animó.

—Primero —dijo alegremente—, consideramos las recompensas monetarias. Cambio había

calculado la cantidad de dólares de ahorros que
ACME obtendría si sus propuestas fueran imple-
mentadas, y hasta había calculado el efecto en el
flujo de efectivo. Cuando él me dijo eso, yo suge-
rí que una cantidad de dinero nominal podría ser
motivador para algunos empleados. Debería decirle que enseguida incorporamos a Daniel Gerencia
de Desempeño a esa conversación, pues teníamos
la sensación de que este tipo de motivación sin una
relación con Gerencia de Desempeño podría pro-
ducir un efecto indeseado —se detuvo, y McNally
notó un cambio en su conducta.

—¿Cuál fue el resultado? —inquirió McNally.

—Pasamos varias semanas entrando y saliendo
de reuniones para crear un programa que vincula-
ra a Cambio, a Gerencia de Desempeño y las nuevas conductas que esperábamos. Nos aseguramos
de que fuera justo y mensurable, pero todo el proyecto fue rechazado.

—¿Por quién?

—Por Firme Presupuesto —respondió Incentivo. No ocultó su enojo.

McNally pensó que Presupuesto sin duda se
había tomado a pecho la eficiencia, y era obvio que
Incentivo se molestara por eso.

—¿Qué otra cosa aconsejó usted a Cambio que hiciera? —preguntó a Incentivo.

—Pude estar presente como oyente en la presentación que hizo Cambio al equipo de liderazgo, donde estableció los argumentos a favor de lo que proponía. Yo pensé que si Cambio podía convencer a esas personas de hacer algo más que lo que siempre hemos hecho, entonces debería hacer una presentación para los empleados en los departamentos que resultarían más influenciados. No necesariamente la misma presentación exacta, sino una que les mostrara que hubo un detallado análisis que condujo a la recomendación de integrar el Cambio.

—¿Hizo él eso?

—Lo hizo —respondió Incentivo—. Pero ¿sabe qué? Antes de hacerlo, sé que captó el apoyo de Pecs, Seguro Patrocinio y varios otros. Si hay una cosa que hacía bien Cambio, era intentar formar al equipo que le apoyaría en esas iniciativas.

—¿Conoce a alguien que quisiera matar a Cambio? —preguntó McNally.

Tras unos segundos, ella respondió:

—No es mi estilo ser negativa.

—Este es un caso de asesinato —replicó McNally—. Si tiene usted alguna información, sea positiva o negativa, es su obligación comunicármela.

Los ojos de ella volvieron a llenarse de lágrimas, y afirmó:

—Es pura especulación por mi parte.

—Entendido.

—Supongo que usted ya conoce mis sentimientos con respecto a Sra. Presupuesto, y aunque soy consciente de que el dinero no es la única motivación, creo que habría ayudado. Tengo la sensación de que Sra. Presupuesto quería a Cambio fuera de aquí.

—¿Y quién más? —preguntó McNally.

—Daniel Gerencia de Desempeño, y creo que Carolina Cultura también podrían haber estado implicados. Supuestamente ella está aquí todo el tiempo, pero nadie la ve. ¿Quiere saber por qué? Porque está todo el día de reuniones a puerta cerrada en el despacho de Firme Presupuesto. Le digo que las dos están confabuladas.

—¿Alguien más?

—Bueno, quizá. Algunos podrían pensar que estoy loca, pero creo que si no fueron Firme Presupuesto o Carolina Cultura, podría ser cosa de una pandilla.

—¿Cosa de una pandilla? —preguntó McNally con sorpresa.

—Sí. La otra iniciativa no despegó tan bien.

—¿Qué ocurrió?

—Oí que el gerente de ese departamento se enteró de la iniciativa propuesta y llevó aparte a algunos de sus empleados clave para darles instrucciones sobre cómo sabotearla. Eso es lo que he oído como rumor, pero hace años que conozco a ese gerente y tiene un historial de conductas similares; sin embargo, es astuto y nunca le agarran. Ha desarrollado ciertas lealtades en su departamento, de modo que nadie confronta esa conducta.

McNally miró su reloj y se dio cuenta de que era hora de su siguiente interrogatorio.

—Puede que necesite volver a hablar con usted —dijo mientras se levantaba de la mesa.

—Entonces ¿es todo por ahora? —Incentivo pareció sorprendida.

—Por ahora; pero estaré en contacto con usted.

Tras secarse las lágrimas y sonarse la nariz, Isabella Incentivo se levantó y se fue.

Reflexiones sobre Plan, Presupuesto, Entrenador e Incentivo

McNALLY comenzaba a preguntarse si en esta organización cualquier Cambio habría tenido alguna vez una oportunidad de ser iniciado e integrado con éxito, sin mencionar ser sostenible. McNally ya iba por la mitad de su segundo cuaderno, esperando todo el tiempo que otra organización, si no era esta, pudiera beneficiarse de lo que había aprendido. Repasó lo que había escrito sobre los cuatro últimos sospechosos, comenzando con Plan.

PLAN

Plan no era amigo de Cambio:

- Nunca calculó los detalles, sino que se enfocó en el cuadro general, pero eran los detalles los que causaron en la gente la preocupación por la implementación. Cuando comenzaron a integrar a Cambio, la gente estaba sorprendida de que nadie hubiera pensado en Cambio desde la perspectiva de ellos.

- Nunca planeaba ganancias al principio y, como resultado, era difícil mostrar beneficios de desempeño al comienzo. Con poco que celebrar al comenzar, a quienes les gustaba quedarse un poco al margen usaban los primeros resultados marginales como excusa fácil para resistirse a Cambio.

- Nunca incluía en el proceso de planificación a quienes se les pedía cambiar como manera de mejorar el plan y obtener su aprobación.

PRESUPUESTO

Presupuesto era una sospechosa de verdad. Muchos de sus colegas pensaban que ella asesinó a Cambio:

- No gastó casi nada de dinero en crear la infraestructura que sostendría a Cambio.

- Tenía demasiado poder sobre los otros jugadores en el equipo de liderazgo que debían ayudar a Cambio a tener éxito.

- Sí aprobó, después de bastante presión por parte de Patrocinio, algunas peticiones que no tenían mucho sentido, pero que durante un tiempo le quitaron un peso de encima. Por ejemplo,

Plan pidió a Presupuesto algunos consultores; se reunieron varios días en un cuarto de operaciones y crearon un gran documento, pero no consultaron a nadie que tuviera un sentido realista de lo que era necesario para integrar plenamente a Cambio en la organización. Y desde luego, Presupuesto asignó algunos dólares a Entrenador para formación, porque sabía que sería ridiculizada si se probaba a Cambio sin que hubiera formación para sostener el esfuerzo.

ENTRENADOR

Entrenador también contribuyó al fallecimiento de Cambio:

- Hizo un débil intento de formar a aquellos a quienes se pedía que cambiaran, pero la formación no tenía posibilidades por varias razones:
- Nunca se habían probado los procesos de negocio y la tecnología, de modo que nunca se encontraron soluciones para los pequeños problemas que pudieran surgir antes de la formación.

- Debido a su aspecto descuidado y su conjunto de habilidades menos que óptimas, Entrenador tenía poca credibilidad entre las personas que era responsable de desarrollar.

INCENTIVO

Incentivo era, como mínimo, cómplice del crimen:

- Intentó ayudar a Cambio, pero en realidad no hizo que funcionaran sus relaciones con Cultura y Gerencia de Desempeño, de modo que Presupuesto derribó la mayoría de sus ideas para sostener a Cambio.

Sospechoso #12:
Gerencia de Desempeño

Daniel Gerencia de Desempeño era el siguiente en la lista. McNally había recibido una nota de Anna a primera hora de la mañana diciendo que Gerencia de Desempeño podría reunirse con él a las 11:00 A.M., pero tendrían que reunirse en el despacho de Gerencia de Desempeño en el departamento de Recursos Humanos.

McNally se alegró de salir un rato de la sala de conferencias. Salió por la puerta y se subió a un elevador para ir al sótano. Después de una larga caminata por un pasillo poco iluminado, encontró un laberinto de pequeños despachos metidos en la esquina del edificio. McNally buscó a alguien que pudiera decirle dónde estaba el despacho de Gerencia de Desempeño.

Se asomó a la primera oficina que estaba ocupada y allí encontró a un hombre fornido, de mediana edad, que revisaba un inmenso montón de papeles. El hombre levantó la vista con ojos cansados.

—Y usted es... —dijo.

—El agente Mike McNally, tengo una reunión a las once con el señor Gerencia de Desempeño.

—Soy yo. Siéntese —dijo señalando con la cabeza a la silla sin lujos que había en el rincón.

McNally tomó asiento y echó un vistazo al despacho. Aparte de los armarios abollados y los montones de papeles que cubrían el escritorio de Gerencia de Desempeño, estaba bastante ordenado; aun así, había algo que no encajaba, pero no podía detectarlo concretamente.

Gerencia de Desempeño despejó su escritorio, poniendo los papeles en el aparador que había a sus espaldas, que ya tenía varios montones de documentos. Miró a McNally y dibujó una sonrisa forzada.

—Gracias por reunirse conmigo aquí —le dijo—, pues estoy apurado por terminar algunos proyectos. Esta época del año siempre es un lío porque llegan las evaluaciones de desempeño y todos esperan hasta el último minuto para entregarlas, así que estoy siempre abrumado —alcanzó vigorosamente un canastito de caramelos que estaba en la esquina de su escritorio—. ¿Quiere uno? —preguntó, acercando el canastito hacia McNally—. Son de sabores tropicales: de guayaba, mango, fruta de la pasión; sin azúcar, así que sin culpabilidad.

—No, gracias —dijo McNally.

—Yo mismo preferiría un cigarrillo —dijo Gerencia de Desempeño con una sonrisa.

—¿Está nervioso? —preguntó McNally.

—Más bien estresado —replicó él—. Como puede ver, estoy hasta el cuello de trabajo.

Eso fue un buen comienzo para McNally.

—¿Cuánto tiempo lleva trabajando aquí? —le preguntó.

—Hará veinte años este mes de julio —respondió Gerencia de Desempeño.

—¿Le gusta lo que hace?

—Claro, claro. Es un trabajo duro pero satisfactorio.

—Quizá esté preguntando lo obvio, pero ¿qué hace usted aquí? —dijo McNally.

Gerencia de Desempeño se reclinó en su silla y desenvolvió el caramelo; el sonido del papel de celofán llenó el pequeño espacio.

—Mi responsabilidad —dijo finalmente— es supervisar los resultados que esperamos de las personas. Cada año insistimos en que los líderes en la organización presenten los objetivos para todos en el equipo, y entonces, dos veces al año deben registrar el progreso de la gente con respecto a esos objetivos. Tener una reunión, y hacer comentarios.

—¿Y dónde entra usted en eso? —preguntó McNally.

—Como puede ver —dijo él barriendo con su mano los grandes montones de papeles—, yo reúno toda la documentación. La mayoría de líderes aquí, y estoy seguro de que habrá conocido a algunos, tienden a postergar. Probablemente haya hablado con Patrocinio o Urgencia; ellos son dos de los más infames cuando se trata de entregar a tiempo sus evaluaciones de desempeño —meneó la cabeza con desdén y se metió el caramelo en la boca.

—¿Cómo era su relación con Cambio? —le preguntó McNally.

—Ah, buena, buena. Cambio y yo nos llevábamos bien, y estábamos de acuerdo la mayor parte del tiempo, si sabe a lo que me refiero. En general, me gustaban muchos de los Cambios que llegaron, pero debo admitir que he perdido horas de sueño debido a ellos.

—¿Por qué? —apuntó McNally.

—Supongo que porque casi todo lo relacionado con Cambio es nuevo, y por lo general me siento ansioso por si tendremos éxito a la hora de comunicar a la gente las cosas nuevas en las que se supone que trabajarán. Nunca eliminamos ninguna tarea de las que ya tienen cuando les pedimos que hagan un Cambio, y entonces, cuando hacemos la evaluación de rendimiento, las personas no han logrado sus objetivos porque meses atrás Cambio comenzó a ocupar todo su tiempo. Es un lío —continuó con un suspiro—. Tengo muchas dudas con respecto a si la gente puede aprender o no todo lo que tiene que aprender para hacer que Cambio sea un éxito.

—Entonces ¿se preocupa por la organización pero no tanto por usted mismo? —preguntó McNally.

Gestión de Desempeño bajó la mirada y chupó el caramelo que tenía en la boca.

—Para ser sincero, con frecuencia me pregunto si podré estar a la altura de las nuevas normas establecidas por el Cambio.

—¿Alguna idea sobre quién podría haber matado a Cambio?

—Sí —respondió Gestión de Desempeño, levantando la mirada y asintiendo. Se produjo un largo silencio y, finalmente, dijo tranquilamente:

—Creo que lo hizo Firme Presupuesto.

—Presupuesto, ¿no? —replicó McNally.

—Sí, estoy bastante seguro de que fue Presupuesto.

Había captado el interés de McNally, pero el agente apoyó la cabeza en su mano de modo indiferente y dijo:

—¿Y cuál es su motivo? ¿Por qué querría Presupuesto ver muerto a Cambio?

Gestión de Desempeño no respondió, pero se levantó de la silla, se acercó a uno de los armarios, sacó un montón de papeles y los dejó caer delante de McNally sobre el escritorio.

—¿Qué es todo esto? —preguntó McNally.

—Peticiones de compra de los últimos seis meses.

McNally leyó detenidamente las peticiones de compra, y no le dijo a Gerencia de Desempeño que ya había visto copias de esas peticiones en el archivo de Cambio. Todas habían sido entregadas por Cambio, y cada una llevaba el sello que decía DENEGADA con la firma de Presupuesto debajo del sello. McNally miró a Gerencia de Desempeño.

—La gente quiere Cambio pero no está dispuesta a pagar por ello; y Firme Presupuesto, bueno, ella es... —hizo una pausa para buscar la palabra adecuada— ajustada, si me entiende. Lo que Cambio intentaba hacer requería formación y recursos en algunos aspectos. Mire las órdenes de compra; él no pedía la luna, solamente lo básico —Gerencia de Desempeño comenzó a masticar el caramelo, haciéndolo crujir entre sus dientes.

—¿La mayoría de estas peticiones de compra se relacionaban con las cuatro principales iniciativas de Cambio? —preguntó McNally.

—¿Cuatro? ¿Quién dijo que había cuatro?

—Lo dijo Seguro Patrocinio.

A Gerencia de Desempeño le bailaban los ojos, y afirmó:

—Ese tipo pasa tanto tiempo mirándose en el espejo que no puede ver más allá de sí mismo. Dos. Tenemos, o teníamos, dos iniciativas principales.

—¿Cree que Presupuesto actuó sola? —preguntó McNally.

Una liviana sonrisa se dibujó en la cara de Gerencia de Desempeño.

—Si encuentra una pistola humeante, creo que estará llena de las huellas de Presupuesto, pero... —se detuvo sin terminar la frase.

—¿Pero? —apuntilló McNally.

—Puede que tuviera un cómplice, aunque dudo que encuentre usted ninguna evidencia.

—¿Puede ser más concreto? —inquirió McNally.

—¿Ha conocido ya a Cultura?

—Sí.

—Llevo casi veinte años aquí y no puedo decir que la haya visto más de ocho o diez veces, pero lo que se dice es que ella es muy influyente, y mantener la mirada vigilante con respecto al gasto ha sido una parte de su modo de hacer las cosas por tanto tiempo como puedo recordar.

—Entonces ¿está diciendo que Presupuesto hizo lo que ella le mandó? —preguntó McNally.

—Algo parecido a eso —respondió Gerencia de Desempeño—. Por lo que yo sé, probablemente ella es tan culpable como Presupuesto. Yo no soy generalmente alguien que se queje; vengo y me ocupo de mis cosas, pero con estos Cambios, cuando otras personas no hacen su trabajo yo soy quien queda en mal lugar.

—Mire —dijo McNally—, debemos mantener esta conversación entre nosotros. Aún me queda mucha investigación que delante, y no quiero que esto pase a ser un rumor.

—Sin problema —respondió Gerencia de Desempeño—. De hecho, iba a pedirle a usted esa misma cortesía, pues realmente no puedo permitirme perder mi empleo.

McNally entendió lo que le faltaba a esa oficina: su ubicación y condición eran deplorables. El departamento de RH estaba escondido en un rincón remoto del sótano de las oficinas de ACME. Los muebles estaban desgastados, y no desgastados de modo elegante, y no se veía ninguna computadora. Solamente muchos archivadores grises de metal, y parecía que a la mayoría de ellos no los habían tocado en décadas.

—¿Usa usted todos estos archivadores? —preguntó McNally.

—Sí, es donde archivamos los informes de evaluación de desempeño. Hay toneladas de esos informes, créame.

—¿Incluso en esta época de archivos electrónicos?

—Se habló mucho de una iniciativa de Cambio que implicaba el manejo de registros electrónicos, pero creo que esa también murió —dijo Gerencia de Desempeño con una sonrisa cínica.

Esa risita se quedó en la mente de McNally mientras se despedía y se dirigía al elevador recorriendo el oscuro pasillo.

Sospechoso #13: Responsabilidad

RESPONSABILIDAD estaba sentado a la mesa cuando el agente McNally regresó a la sala de conferencias. Se veía más joven de lo que McNally había imaginado que sería; tenía que andar entre los veintitantos años. Un tipo vestido a la moda.

—Hola, soy el agente Mike McNally —le dijo.

—Roberto Responsabilidad —respondió el joven, levantándose para darle la mano.

—Siéntese, por favor —dijo McNally indicando hacia la silla mientras él se sentaba al otro lado de la mesa—. Supongo que sabe de lo que quiero hablar con usted, ¿verdad?

—Claro. No es ningún secreto.

—¿A quién da cuentas usted? —inquirió McNally.

—Seguro Patrocinio es mi consejero.

—¿Y cuán frecuentemente se reúnen ustedes?

—Pues nos reunimos cuando me contrataron, y él fue muy claro con respecto a lo que quería que yo hiciera. Desde entonces no le he vuelto a ver

—el tono de Responsabilidad fue tan desdeñoso como su respuesta.

—¿Cuánto tiempo lleva usted en la organización?

—Poco más de seis meses. De hecho, comencé el mismo día que Cambio; fuimos juntos a la orientación —dijo con entusiasmo.

—Entonces, ¿trabajó mucho con él? —preguntó McNally.

—Ah, sí, trabajábamos con él todo el tiempo.

—¿«Trabajábamos»? —inquirió McNally.

—Mi departamento —dijo Responsabilidad.

—¿Usted tiene un departamento?

—Desde luego —dijo él—. La posición que tengo estuvo vacante durante casi dos años. Es un trabajo difícil, y entiendo que tuvieron problemas para encontrar a alguien cualificado por el salario que ofrecían, así que en cuanto comencé contraté a Delegación, Seguimiento y Consecuencias. Había, y sigue habiendo, mucho que hacer en mi departamento.

—¿Cómo consiguió que Presupuesto aprobara eso? —inquirió McNally.

—Diré que tuve que convencerla. Ella es bastante, digamos frugal, si sabe a lo que me refiero. Delegación es en realidad al único que pagamos, y tiene el salario mínimo. Seguimiento es un voluntario aquí, y Consecuencias está con cierto tipo de beca.

Justamente entonces alguien llamó a la puerta. Anna asomó la cabeza y dijo a Responsabilidad:

—Por favor, perdonen la interrupción, pero acaba de llamar el gerente de TI buscándole a usted; dijo que era urgente —cerró la puerta y se fue.

—Perdóneme un momento —dijo Responsabilidad. Agarró el teléfono y marcó cuatro números. McNally escuchó hablar solamente a Responsabilidad.

—Hola, ¿Delegación? Sí, soy yo. Escucha, parece que el gerente de TI tiene un problema del que hay que ocuparse enseguida. *(Pausa)* No, yo estoy en una reunión con el agente McNally y no puedo irme. *(Pausa)* Entiendo que tienes muchas cosas entre manos, pero... *(Pausa)* Escucha, que te acompañe Seguimiento. Asegúrate de hacer una buena evaluación de lo que necesitan, y después deja que él lo maneje. *(Pausa)* ¿Otra vez? ¿Cuántas veces ha llamado este mes diciendo que estaba enfermo? *(Larga pausa)* Bien, bien. Entonces ve con Consecuencias. *(Pausa)* Soy muy consciente de que no se le da bien la gente. Antes de ir habla con él y dile que solo quieres que esté presente, que no quieres que hable. Dile que quieres que se remangue, se cruce de brazos y flexione sus bíceps. *(Pausa)*. Sí, eso le gustará —Responsabilidad se rio—. *(Pausa)* No, no es necesario que vuelvas a llamarme. Ocúpate tú.

Responsabilidad colgó el teléfono, miró a McNally y comentó:

—Si quieres que algo se haga bien, tienes que hacerlo tú mismo.

A McNally le estaba resultando difícil reconciliar ese comentario con la conversación unilateral que acababa de oír. Miró a Responsabilidad y dijo:

—Perdóneme un momento.

McNally salió de la sala y regresó unos cinco minutos después. Tomó asiento y dijo:

—¿Tiene alguna idea de quién mató a Cambio?

—Sí, Cambio —respondió Responsabilidad.

—Sí, ¿sabe usted quién mató a Cambio? —replicó McNally confundido.

—Ah, lo siento; no fui muy claro. Creo que Cambio mató a Cambio —dijo. Tras una breve pausa, añadió—: Suicidio.

—¿Cree que Cambio cometió suicidio? —inquirió McNally con interés.

—Desde luego; es la única explicación razonable. Admito que había algunas personas aquí a quienes en realidad no les importaba Cambio, pero no puedo pensar en nadie que llegara hasta el extremo de matarlo; además, mirando atrás, él mostraba todas las señales, y desearía haberlas notado entonces. Quizá hubiera habido algo que yo podría haber hecho.

—¿Señales? —dijo McNally.

—Cuando comenzó Cambio, era, ya sabe, muy entusiasta; me refiero a que el tipo tenía energía, pero en las últimas seis semanas él era como una persona distinta. Estaba aquí todas las horas del día, y no sé cuándo dormía; se irritaba todo el tiempo y había perdido peso. Solíamos salir juntos a almorzar, pero parecía que él ya no tenía tiempo. Escuché que una de sus iniciativas iba bien, pero no creo que la otra iniciativa estuviera avanzando. Se rumorea que los tipos en ese departamento le tenían manía a Cambio; son un grupo bastante duro —Responsabilidad hizo una pausa y después añadió—: Depresión; eso era. Depresión. Cambio estaba bajo mucha presión, y creo que se abrumó y se hundió en una profunda depresión.

Cuando Responsabilidad terminó de hablar, se quedó mirando a la distancia. McNally había descartado de inmediato lo que consideraba una teoría estúpida. Aquello no era suicidio, sin duda era asesinato; pero algo que dijo Responsabilidad le intrigaba.

—Dijo que oyó que una iniciativa no iba bien. ¿Era eso lo que se rumoreaba? —preguntó McNally.

Responsabilidad parecía perplejo.

—Bueno, sí —dijo—, pero ¿qué importancia tiene?

McNally ya no intentó ocultar su agitación. Se levantó y comenzó a caminar de un lado al otro de la sala mientras hablaba.

—No entiendo cómo usted podía saber tan poco sobre esas dos iniciativas. Cambio necesitaba la experiencia que usted tiene, y parece que usted no tenía ni idea de lo que estaba sucediendo. Usted...

—Mire, ¡eso no es justo! —interrumpió Responsabilidad—: Yo...

McNally levantó la mano y continuó.

—Permítame que llene los espacios en blanco. Cambio pidió su ayuda; usted sin duda estaba dispuesto pero le resultaba difícil encontrar tiempo en su horario; después de todo, aún hay, ¿cómo lo dijo usted?, mucho que hacer en su departamento. Pero usted tenía la respuesta. Delegación podía hacerlo, y si necesitaba ayuda podía contar siempre con Seguimiento y Consecuencias.

Responsabilidad siguió sentado en silencio y asombrado. McNally puso ambas manos sobre la mesa y se inclinó hacia delante.

—Usted ha hecho una pantomima precisamente del trabajo para el cual lo contrataron. Su tarea requiere madurez, y usted sencillamente no la tiene. Cuando salí de la sala, pasé unos minutos revisando las actas de algunas de sus reuniones y encontré exactamente lo que esperaba —la voz de McNally subía de volumen, y de nuevo comenzó a caminar de un lado a otro—. Surgieron problemas, y usted asignó a una persona para pasar a la acción, e incluso declaró un marco de tiempo para solucionarlos. Pero cuando seguí la pista a esos problemas mediante el siguiente conjunto de actas de reunión, los problemas simplemente desaparecieron de la faz de la tierra. Nada. ¿Se resolvieron? —preguntó retóricamente—. Lo dudo —respondió.

McNally podría haber dicho muchas más cosas, pero se mordió la lengua. Lo que tenía que decir no habría avanzado la investigación. Miró una vez más a Responsabilidad, y vio que la cara del sospechoso estaba enrojecida y estaba mirando al piso fijamente. McNally pausó para dar a Responsabilidad la oportunidad de responder, pero él no lo hizo.

McNally dio un portazo cuando salió de la sala.

Superpolicías y accionistas

EL AGENTE McNally iba de camino a reunirse con los empleados en una sala de conferencias cercana a la parte trasera del edificio. Sabía que en todas las organizaciones hay accionistas, y estaba decepcionado consigo mismo por no recordar que los empleados, a los cuales influye más Cambio, eran los principales accionistas. Cuando giró la esquina de un pasillo, se encontró con una escena que lo detuvo en seco. El agente McNally había pasado su carrera profesional trabajando con fuerzas policiales, de modo que estaba bastante familiarizado con sus rutinas y prácticas, pero ni una sola vez había visto eso dentro de un edificio. Lo que estaba mirando solamente podría describirse como una barricada. El pasillo se había vuelto siniestramente oscuro, pero había luz suficiente para percibir el contorno de figuras: un caballete bloqueaba totalmente el pasillo; una motocicleta grande estaba estacionada paralela a la pared, y el oficial de policía más amenazante que había visto nunca.

El oficial iba vestido con vestimenta antidisturbios, con casco y unos lentes oscuros. Sus inmensos brazos los tenía cruzados de manera que comunicaban: «Ni se le ocurra provocarme». Cuando el agente McNally dio un paso hacia delante, el policía levantó la mano para que se detuviera.

—Solo intento llegar a una reunión —comenzó a decir McNally.

El policía acercó la mano a la pistola que llevaba en el costado y avanzó un paso.

—No hay problema —dijo McNally. Se retiró y comenzó a buscar otra ruta.

McNally dio un rodeo hasta llegar a la sala de conferencias, en la cual había cuatro empleados esperando para la reunión de las tres en punto. El agente McNally se disculpó por su demora y comenzó las presentaciones. David y Karen eran de un departamento que había logrado integrar a Cambio bastante bien. Mark y Stephanie eran de otro departamento que había resistido a Cambio. McNally había escogido a esas cuatro personas por las entradas en el calendario de Cambio.

McNally dio comienzo a la reunión.

—Voy a ser muy franco con ustedes, y espero que ustedes lo sean conmigo —dijo—. Estoy investigando el asesinato de Cambio, y hasta ahora he cometido al menos un error en la investigación.

Los cuatro le miraban con los ojos como platos.

—Mi error fue que no hablé primero con ustedes. He pasado un día y medio interrogando a los líderes y gerentes, cada uno de los cuales...

McNally hizo una pausa. Estaba a punto de decir «cada uno de los cuales ha esquivado la mayoría de mis preguntas, y algunos de los cuales no son lo bastante competentes para conseguir empleo en otro lugar», pero se retuvo.

—Bien... dejen que me disculpe por mi descuido —dijo en vez—. Según el calendario de Cambio, ustedes cuatro pasaron más tiempo con él durante las últimas semanas de su vida. Espero que tengan información que pueda ayudarme con mi investigación —miró a los ojos a cada uno de ellos, uno por uno.

Los cuatro intercambiaron miradas. Finalmente, Karen dijo:

—Cambio estaba bien. Al principio no me cayó bien, pues las cosas que decía que quería hacer daban miedo, pero mire, cuanto más tiempo pasaba con nosotros explicando las cosas y descubriendo por nosotros cómo funcionaban las cosas, más sentido tenía. Si no hubiera sido por todas las barreras, creo que podríamos haber trabajado mejor con Cambio.

—¿A qué barreras se refiere?—inquirió McNally.

—Usted debe de haberlas visto —respondió Stephanie—, o quizá no —dijo con dudas. Tras una larga pausa, dijo—: La mayoría de empleados pueden verlas, y algunos supervisores también pueden verlas, pero los gerentes y los altos ejecutivos raras veces las ven. Pero créame: son reales —se giró hacia los demás buscando apoyo.

David rompió el silencio.

—Superpolicía —dijo asintiendo con la cabeza.

—Creo que acabo de verlo —replicó McNally—. Intimida bastante.

—¿Solo uno? —dijo Mark con una risita—. Están por todas partes. Precisamente cuando parece que vamos por el camino correcto, haciendo progresos con una nueva idea, aparece un superpolicía bloqueándolo todo. Han estado aquí siempre. Bien podrían poner carteles en los pasillos que digan: «Jamás lo hemos hecho así». Me parece increíble que muchos de los empleados los vean pero la mayoría de los gerentes y líderes no parezcan saber que existen.

—¿Ha visto al tipo que va caminando con el látigo en la mano? —preguntó Karen—. Se parece a un soldado romano —añadió.

—No —respondió McNally.

—Bien, es Reprimenda. Aparece solamente cuando un empleado comete un error, y comienza a sacudir su látigo y a informar a todos de lo estúpidos que son. Desaparece cuando llega Incentivo, pero ella no se presenta a menudo.

—¿Y qué de Hipócrita? —preguntó Mark—. ¿Lo ha visto?

—No estoy seguro. ¿Qué aspecto tiene? —dijo McNally.

—Ahí está la cuestión. Es como un camaleón; nunca luce igual.

—Pero —interrumpió David— se lo reconoce con bastante facilidad. Siempre dice una cosa y después hace otra. Nos da todos esos discursos de «nosotros, nosotros, nosotros» y entonces se va y hace precisamente lo contrario de lo que predica.

Mientras McNally se imaginaba la escena, hubo un momento de silencio. Entonces intervino Stephanie.

—Aunque el que más me irrita es Convertible.

—¿Por qué lo llama Convertible? —preguntó McNally.

—Porque él siempre lo dirige todo desde arriba hacia abajo —respondió ella.

McNally se rio pero se detuvo rápidamente cuando se dio cuenta de que nadie más se reía.

—Lo siento —dijo en tono de disculpa.

—No pasa nada —respondió Stephanie—. Es solo que todo se hace a su manera o no se hace. Algunas de sus ideas en realidad no son malas, pero entonces él quiere dirigir todos los detalles aunque no tiene ni idea de cómo se opera diariamente. Ojalá nos permitiera participar.

McNally creyó que ella iba a seguir hablando, pero siguió sentada con expresión melancólica.

—Debo admitir —dijo McNally— que todos esos personajes con los que ustedes tienen que tratar, como Superpolicía, Reprimenda, Hipócrita y Convertible, sí que hacen que las cosas sean bastante confusas.

—Ahora sabe usted cómo nos sentimos —respondió Stephanie.

McNally habló con los empleados durante otra hora al menos; después agarró el teléfono y pidió a Anna que organizara una reunión más.

El informe de la autopsia

Más avanzado ese día, el agente McNally estaba fuera del edificio alternando entre las caladas a su cigarro y los sorbos a su café. Comenzaba a oscurecer, y caía una ligera lluvia. McNally se ajustó el abrigo y se apoyó en la pared del edificio; deseaba haber hablado antes con los empleados.

Se abrió la puerta, y el sonido de la voz de Anna le sacó de sus pensamientos.

—Agente McNally, el examinador médico está al teléfono. Quiere hablar con usted.

Dio una última calada y se deshizo del cigarro. Mientras entraba, Anna dijo:

—Le pasaré la llamada a la sala de conferencias.

El teléfono estaba sonando ya cuando él entró en la sala. Apretó el botón del altavoz y dejó su café.

—McNally la habla —dijo—. ¿Me oye, doctor?

—Sí —respondió el doctor—. He finalizado la autopsia, y pensé en ponerlo a usted al día de los detalles. ¿Es este un buen momento?

—Estupendo —replicó McNally—. Proceda.

—Estoy entre las siete y las nueve de la mañana como la hora de la muerte —comenzó el doctor—. Ahora mismo tengo como causa de la muerte insuficiencia cardíaca.

—¿Insuficiencia cardíaca? —cortó McNally—. ¿Murió por causas naturales?

—No tan rápido, Dick Tracy —dijo el doctor con una risita—. La insuficiencia cardíaca fue el resultado de algún tipo de envenenamiento.

—Entonces examinó el fluido del vaso que se derramó —concluyó McNally—. ¿Qué era, arsénico?

—Ciertamente examinamos el fluido —respondió el doctor—, pero estaba limpio; era solamente agua.

Eso comenzaba a resultarle familiar a McNally.

—Entonces, era... —dijo él.

—Sí —interrumpió el doctor—, era C-15.

El agente McNally pensó en algunos de sus otros casos. El C-15 era el veneno misterioso que se había identificado como causa de la muerte. En el momento en que lo nombró, había quince casos relacionados conocidos, y la C se refería a Cambio.

—¿Saben ya algo más sobre el C-15? —preguntó McNally.

—No, en realidad no —el doctor parecía decepcionado—. Los científicos están trabajando en ello, pero lo único que realmente saben es que actúa lentamente; por lo general, de uno a dos meses. Basándonos en la evidencia anecdótica, los únicos síntomas relacionados conocidos son: insomnio, ansiedad, nerviosismo y pérdida de peso. Conseguí los informes médicos de Cambio, pues cuando comenzó a trabajar en ACME le requirieron un chequeo físico. Estaba tan sano como un caballo. Todos los análisis del laboratorio eran normales y no tenía ningún problema significativo en su historial médico. Yo lo pesé, y había perdido desde entonces once kilos. Y ah, sí, se mordía mucho las uñas.

—Entonces, ¿la toxina finalmente se acumuló lo bastante para que tuviera un ataque al corazón? —preguntó McNally.

—No un ataque al corazón —respondió el doctor—, una insuficiencia cardíaca. Un ataque al corazón está causado generalmente por una larga acumulación de placa o por un coágulo en las arterias coronarias, que bloquea el flujo sanguíneo. Si no hay sangre significa que no hay oxígeno, y las células cardíacas mueren. Las arterias coronarias de Cambio estaban bien. Cuando digo «insuficiencia cardíaca» me refiero literalmente a que su corazón dejó de latir.

—Vaya —dijo McNally—, eso es escalofriante. ¿Algo más?

—Por ahora no —respondió el doctor—. He enviado parte del tejido a patología, pero estoy bastante seguro de que es un caso de C-15.

McNally dio las gracias al doctor y le pidió que le informara si surgía algo más. Después colgó el teléfono.

Mientras tanto, apilado sobre el escritorio desordenado del doctor estaba la edición actual de la revista *Perspectivas forenses* aún sin leer. Un extraño artículo en la página quince se titulaba «Rastros del C-15». Comenzaba con las palabras:

El C-15 ha sido identificado como la toxina que causó insuficiencia cardíaca y muerte en varios Cambios. Aunque aún queda mucho por conocer sobre esta toxina, los científicos creen que varios oligoelementos constituyen esa sustancia mortal, y recientemente han identificado tres de esos elementos:

• *Personas que conducen a Cambio creen que anunciarlo es lo mismo que integrarlo.*

- *No se plantean ni se abordan las preocupaciones de las personas con respecto a Cambio.*
- *Aquellos a quienes se pide que implementen el Cambio no participan en la planificación.*

Asesinato anunciado:
Solo por invitación

Anna lo había organizado todo. McNally le había pedido que reservara una habitación y reuniera a todos los sospechosos para una reunión a las 7:00 P.M. La habitación estaba en el rincón frontal del edificio, y se usaba principalmente como estancia para los líderes y gerentes, y bien podía dar cabida cómodamente a treinta y cinco personas. Anna había puesto unas mesas circulares con cuatro sillas en cada mesa, y varias sillas estaban dispersas por la periferia de la habitación. Además, había dos sillones y un sillón reclinable.

McNally entró unos minutos antes de las siete en punto y comenzó a organizar sus notas en el podio mientras comenzaban a llegar las personas. En cierto momento levantó la vista y vio que nadie establecía contacto visual con él.

Visión estaba de pie junto a la ventana con las manos a sus espaldas, y parecía ajena a la gente que la rodeaba.

Presupuesto y Cultura estaban al lado sentados en uno de los sillones, y por turnos se susurraban el uno al otro.

Gerencia de Desempeño e Incentivo se habían ubicado en una de las mesas. Gerencia de Desempeño chupaba un caramelo, e Incentivo tenía la mirada perdida.

Comunicación estaba sentada en una de las sillas alejadas, y jugueteaba con su audífono. McNally había observado un cartel por fuera de la puerta que decía: ASESINATO ANUNCIADO AQUÍ A LAS 7:00 P.M.: SOLO POR INVITACIÓN, y supuso que era obra de ella.

Pecs estaba sentado en una de las mesas. Llevaba unas pesas enormes en los tobillos, y con lo que parecía ser una presión considerable, estaba practicando extensiones de pierna.

Responsabilidad, Delegación, Seguimiento y Consecuencias estaban sentados en otra de las mesas. McNally no podía oír lo que decían, pero su lenguaje corporal condujo a McNally a pensar que no estaban contentos los unos con los otros. Observó que se señalaban mutuamente.

Compromiso parecía no sentirse cómodo, pues se movía constantemente de un asiento a otro.

Entrenador seguía mascando; descansaba cómodamente en un sillón y mientras lanzaba metódicamente una bola de beisbol al aire.

Plan estaba haciendo aviones de papel y lanzándolos por el salón.

Patrocinio parecía aburrido, y McNally pensó que podía ser porque no estaba liderando la reunión.

McNally observó que había alguien atrás, pero le costaba reconocer quién era. Se puso sus lentes y quedó asombrado al ver al mismo hombre desconocido que aparecía en su sueño. McNally le indicó con un gesto a Anna, que estaba sentada en una mesa cerca del frente, que se acercara al podio.

—¿Quién es ese tipo grande que está atrás del salón? —le preguntó en un susurro.

Ella miró hacia atrás y levantó las cejas.

—Es Temor —le dijo.

—¿Temor? —preguntó él.

—Sí —respondió Anna—, a veces simplemente aparece. En realidad no trabaja aquí. Me refiero a que no recibe un salario, ni nada; solamente se presenta y nadie parece cuestionar su presencia. Nunca le dice una palabra a nadie, pero cuando está cerca, las personas parecen actuar de modo diferente.

McNally consideró si sería prudente pedir a Temor que se marchara; sin embargo, algo le decía que la presencia de Temor en esa situación podría resultar útil.

Anna cruzó su mirada con la de McNally y dio unos golpecitos en su reloj. McNally se aclaró la garganta y dijo:

—Son las siete en punto, así que vamos a comenzar. Primero, quiero darles las gracias a todos por reorganizar sus calendarios para estar aquí.

La puerta se abrió repentinamente, y entró Urgencia; musitó sus disculpas a la vez que encontraba su asiento.

—Como saben —continuó McNally—, Cambio resultó muerto recientemente y he hablado con ustedes y con otros durante los dos últimos días —miró directamente a Responsabilidad—. Para que no haya malentendidos —afirmó—, se trata de un asesinato.

Responsabilidad parecía estar contando los lazos de sus zapatos.

—Fue envenenado —continuó McNally—, y el asesino está en esta habitación.

Las reacciones de los presentes variaron desde miradas que expresaban preguntas silenciosas hasta fuertes gritos ahogados. Visión apartó su vista de la ventana y miró fijamente a McNally.

—No soy tan estúpido como algunos de ustedes creen que soy —dijo—. No tengo estudios de posgrado, pero lo que sí conozco es a Cambio y a las personas, pues he pasado mi carrera estudiando a ambos. Cambio raras veces es aceptado fácilmente por una organización, pero cada uno de ustedes tenía una responsabilidad para ayudarlo a integrarse aquí. Señorita Visión —dijo McNally elevando la voz.

Visión se sobresaltó por lo inesperado de su aviso.

—Su tarea es ayudar a los demás a ver los beneficios de Cambio; ayudarles a ver más allá del presente y hacia el futuro. Usted fracasó miserablemente.

Visión volvió a sacar el pañuelo de papel del bolsillo de su abrigo y comenzó a limpiar sus lentes. No levantó la mirada.

—Señor Urgencia —gritó McNally—, Cambio necesitaba su apoyo para hacer que su integración fuera una prioridad, para ayudarlo a desarrollar argumentos convincentes en favor de sí mismo. ¿Le dio usted ese apoyo? —preguntó McNally de modo retórico—. No, usted siempre llegó tarde; probablemente llegará tarde a su propio funeral.

—Señor Patrocinio —dijo McNally encontrándose con su mirada—, la plantilla de personal necesitaba saber que había un ejecutivo de alto nivel respaldando a Cambio, y eso no sucede en un campo de golf o mediante un anuncio que se hace una sola vez. Es necesario un buen equipo de liderazgo para apoyar a Cambio, un equipo que usted no formó.

McNally se acercó a la ventana y durante unos momentos miró el cielo antes de girarse otra vez hacia su audiencia.

—Ah, ahí está —dijo McNally mirando a Plan—. Sabía que tendría la cabeza en las nubes, ya que es ahí donde pasa la mayor parte de su tiempo, ¿no es cierto?

—Y señorita Cultura —dijo McNally bajando la voz—, de todas las personas, usted podría haber sido quien estableciera el tono e hiciera el trabajo preliminar para el éxito de Cambio; pero quien usted dice que es y quien es en realidad... bueno, son cosas bastante distintas, ¿verdad? Usted entra y sale aquí como si fuera un fantasma y espera que las personas la respeten. Deje de engañarse a usted misma.

—Y ahí está su compañera, la señorita Presupuesto —continuó—. La señorita responsabilidad fiscal.

McNally observó que Temor estaba apoyado en el brazo del sillón, mirando a Presupuesto.

—Presupuesto —continuó McNally—, usted sabe que Cambio raras veces tiene éxito sin una financiación adecuada. Me sorprende que no tenga usted síndrome del túnel carpiano debido al uso de su sello de «denegación». Aunque tiene usted razón en que estos otros personajes deben hacer su parte antes de que usted apruebe la financiación, nunca se molestó en informarles por qué denegaba las muchas peticiones que hacía Cambio. Si ellos conocieran sus razones, quizá les habría motivado a actuar de modo diferente. Y después tenemos al ilustre señor Entrenador —McNally hizo un dramático movimiento de su mano recorriendo la habitación—. Todo esto es solo un juego para usted. Tiene la oportunidad única de ayudar a los empleados a desarrollar sus habilidades para apoyar a Cambio, pero por el contrario pasa su tiempo en su oficina viendo partidos en la ESPN. Este es el marcador, Entrenador. Usted es un perdedor.

Por primera vez durante la reunión, Entrenador dejó caer la bola.

McNally dirigió su mirada hacia la mesa de Responsabilidad.

—Y aquí tenemos al clan que «escurre el bulto». Son ustedes una deshonra. Cambio necesitaba su apoyo para sostener las ganancias que se habían logrado. Las personas necesitan a Responsabilidad cuando llega Cambio, pero usted utilizó excesivamente a Delegación; y Seguimiento no estuvo el tiempo suficiente. Utilizó a Consecuencias como un martillo, y esa es una herramienta que por lo general funciona solamente cuando está presente Temor.

Temor ahora estaba de pie a espaldas de Consecuencias, dándole un masaje en los hombros.

—Pero sabemos —dijo McNally mientras se dirigía a Incentivo— que hay diversas maneras de motivar a las personas para que acepten a Cambio —su voz no tenía tono de dureza—. No estoy seguro sobre el motivo, pero usted sí tuvo oportunidad; tuvo la oportunidad de apoyar con más fuerza a Cambio de maneras en que los empleados podrían aceptarlo más fácilmente. Tan solo porque haya disfunción a su alrededor —dijo mientras miraba a la audiencia—, no le da permiso para abandonar.

McNally miró a Comunicación. Se preguntaba cuánto de la conversación había escuchado ella mientras se ajustaba su audífono, y sintió el impulso de comenzar con ella, diciendo: «Tiene derecho a permanecer en silencio», pero lo pensó mejor.

—Señorita Comunicación —dijo elevando la voz—, Cambio necesitaba una voz en la organización, y usted falló en proporcionarle eso regularmente; y al igual que él necesitaba esa voz para tener éxito, los empleados necesitaban un oído, alguien que escuchara sus temores.

Temor estaba ahora atrás en la habitación, asintiendo con la cabeza en señal de acuerdo.

—Alguien que oyera sus preocupaciones y sus ideas —continuó McNally—. En eso, señorita Comunicación, usted fracasó.

No había duda de que ella le había oído, y sus ojos se llenaron de lágrimas. McNally se giró y se encontró con la mirada de Pecs. Pecs dejó de hacer extensiones de pierna.

—Pecs —dijo McNally—, su ego es su talón de Aquiles. Cambio requiere un Equipo de Liderazgo de Cambio que le lleve por toda la organización. Usted se enorgullecía de sostenerlo, en particular de elevarlo al principio, pero después se trataba de usted, ¿verdad? Usted quería recibir la aclamación, pero no quería hacer todo el esfuerzo.

Gerencia de Desempeño era el siguiente. McNally lo miró y dijo:

—Usted hace un trabajo bastante bueno en el contexto de la disfunción aquí, pero después de esta reunión quiero verlo en la oficina de Presupuesto con todas esas órdenes de compra para que ella las reconsidere.

Compromiso era el único al que el agente no se había dirigido, y se movía incómodamente en su silla. Temor se cernía por encima de sus hombros como si fuera una sombra.

—Dada la ineptitud de sus colegas, señor Compromiso, a usted realmente no se le presentó la oportunidad.

Compromiso esperaba escuchar algo más, pero McNally se detuvo con esas palabras. Temor se apartó de su lado.

McNally había dejado su reloj en el podio para este momento. Lo miró y esperó treinta segundos de silencio, pues quería que fuera un silencio incómodo. Todos se miraban los unos a los otros. Urgencia caminaba de un lado a otro con más rapidez, y Temor comenzó a correr por la habitación.

De repente, Urgencia se detuvo y gritó:

—¡Ya no puedo soportarlo más! Usted dijo que alguien que está en este salón mató a Cambio. ¿Quién fue?

McNally dio un profundo suspiro y recorrió la habitación con su mirada.

—Según mi opinión, todos ustedes lo hicieron —dijo enfáticamente—. Todos ustedes mataron a Cambio. La mayoría de ustedes vieron la escena del crimen. El vaso volcado que estaba cerca de

Cambio no contenía el veneno; le hicieron pruebas y estaba limpio. El veneno que mató a Cambio lo hizo muy lentamente. No puedo demostrarlo, pero creo que el veneno fue la negligencia: la negligencia de ustedes. Él intentó sobrevivir sin el apoyo que necesitaba de ustedes pero, básicamente, su tarea no puede realizarla una sola persona, y al final perdió la esperanza. Los arrestaría a todos ustedes si tuviera evidencia suficiente, pero... —su voz se fue apagando.

McNally organizó sus papeles en el podio, los metió en su maletín y caminó hacia la puerta. Miró atrás y dijo:

—Confío en que vuelvan a tener a otro Cambio aquí. Miren mi cara; esta no es una cara que querrán ver otra vez.

Dio la espalda a la multitud y salió del salón.

¡Cambio vive!

A LA MAÑANA siguiente, el agente McNally se encontraba en el cementerio. No había dormido bien la noche anterior, y sentía la necesidad de presentar sus últimos respetos. Cambio no tenía ningún familiar conocido; no había habido funeral, ni velatorios ni se habían recibido los pésames y condolencias. McNally no podía permitir que Cambio se fuera de ese modo.

Se subió el abrigo hasta el cuello mientras se acercaba a una lápida que el estado había pagado. La mañana era clara, pero soplaba un viento frío. Bajó la mirada hacia la modesta lápida.

Después de unos minutos de presentar sus respetos, se irguió y se dirigió hacia su auto. Su teléfono celular comenzó a sonar.

—McNally —dijo al teléfono. Era Anna.

—Tenemos otro caso —dijo ella con urgencia. A él se le cayó el alma a los pies.

—¿Dónde está el cuerpo? —preguntó.

—Bueno, esa es la cuestión. No hay cuerpo —dijo ella con cierta emoción en el tono de su voz.

—¿Qué quiere decir? —demandó McNally.

—Es otro Cambio —respondió Anna—. Esta vez fue un cuchillo en la espalda, y no está muerto; está en cuidados intensivos en el Hospital Memorial.

—Dígales que voy en camino —replicó rápidamente McNally.

Colgó el teléfono, puso la sirena en la capota del auto y arrancó el motor. Las ruedas derraparon cuando el auto emprendió el camino.

McNally miró por el espejo retrovisor; vio la lápida de Cambio y después lo que debían de ser cientos de lápidas iguales hasta donde le alcanzaba la vista.

—Cambio —dijo mientras aceleraba—, este va por ti.

Cómo ayudar a Cambio a desarrollarse en su organización

Sɪɴ ɴɪɴɢᴜɴᴀ duda, ha leído usted este libro queriendo saber cómo puede liderar exitosamente para implementar el cambio. Hasta ahora ha aprendido mucho sobre un reparto de personajes que pueden matar al cambio; sin embargo, este mismo reparto de personajes tiene una gran capacidad de ayudar a que el cambio se desarrolle con éxito en una organización.

Este capítulo explora algunas de las mejores prácticas, vinculadas a cada personaje, que permiten y sostienen el cambio en organizaciones como la de usted. Use estas mejores prácticas y preguntas para identificar dónde un cambio dado tiene perspectivas de éxito, al igual que dónde podría no tenerlas. Después, desarrolle un plan de acción para desarrollar sus posibilidades y abordar los riesgos.

1. **CULTURA**. Cultura se define como las actitudes, creencias y patrones de conducta

predominantes que caracterizan la organización. El papel de la cultura es crítico en todo el proceso de cambio. Cultura tiene la capacidad de permitir y sostener el cambio o de enterrar el cambio. Para poner en consonancia la cultura con un cambio, debería:

- Determinar cómo puede aprovechar la cultura actual para apoyar, permitir y sostener el cambio.
- Utilizar patrocinio, responsabilidad e incentivo para reforzar la cultura requerida para permitir y sostener el cambio.
- Determinar si la cultura actual no está en consonancia con el cambio propuesto, y qué acciones se requieren para alinear la cultura con el cambio.

HÁGASE ESTAS PREGUNTAS:

- ¿Cómo describiría la cultura de su organización?
- ¿De qué maneras conduce la cultura de su organización a un cambio exitoso?
- ¿De qué maneras podría inhibir su cultura un cambio exitoso? ¿Cuán difícil será cambiar la cultura? ¿Qué puede hacer para poner en consonancia la cultura con el cambio?

2. **COMPROMISO**. Compromiso describe la motivación y confianza de la persona para participar de las nuevas conductas requeridas por la iniciativa de cambio. Para aumentar el compromiso de las personas con un cambio, debería:

- Proporcionar foros para que las personas expresen sus preguntas y preocupaciones y después responder a esas preguntas y preocupaciones.
- Ampliar oportunidades de aumentar la implicación y la influencia de aquellos a quienes se les pide el cambio. Esto produce compromiso sostenible a largo plazo con una manera nueva de hacer negocios, en lugar de cumplimiento a corto plazo.
- Orquestar a propósito oportunidades para que los defensores del cambio contacten con quienes aún tienen que decidir con respecto al cambio.

HÁGASE ESTAS PREGUNTAS:

- Las personas a las que se les ha pedido cambiar, ¿han tenido una oportunidad de expresar sus preguntas y preocupaciones? Si no ha sido así, ¿cómo puede sacar a la luz esas preguntas y preocupaciones y abordarlas?

- Las personas a las que se les ha pedido cambiar, ¿han tenido una oportunidad de involucrarse e influir en el proceso de cambio? Si no es así, ¿cómo puede ampliar oportunidades para la participación y la influencia como estrategia clave para impulsar el compromiso con el cambio?

- ¿Qué tácticas puede utilizar para incentivar las conversaciones entre los defensores del cambio y quienes se quedan al margen?

- ¿Está buscando que las personas cumplan, o que se comprometan con el cambio? ¿Qué hará para obtener el compromiso de las personas?

3. **PATROCINIO.** Un patrocinador es un líder veterano que tiene la autoridad formal para proporcionar recursos (por ejemplo, tiempo, dinero y personas) hacia la iniciación, implementación y sostenibilidad de una iniciativa de cambio. Un patrocinador de cambio eficaz debería:

- Elegir y formar un equipo de liderazgo bien cualificado para liderar el cambio día a día.

- Obtener compromiso y asegurar aprobación sacando a la luz y abordando preocupaciones e implicando a quienes se les pide cambiar en el proceso de toma de decisiones.
- Modelar las conductas que se espera de los demás, recordando que las acciones hablan más alto que las palabras.
- Crear incentivo reconociendo y reforzando las conductas que son coherentes con el cambio.
- Fomentar responsabilidad mostrando a la organización que el liderazgo va en serio con respecto al cambio.

HÁGASE ESTAS PREGUNTAS:

- ¿Están usando los patrocinadores del cambio en su organización las conductas enumeradas arriba?
- Si sus patrocinadores no están usando las conductas enumeradas arriba, ¿saben que se espera de ellos que usen esas conductas?
- Si sus patrocinadores no saben lo que se espera de ellos, ¿cómo los educará al respecto?

4. **EQUIPO DE LIDERAZGO DE CAMBIO**. El equipo de liderazgo de cambio es

el grupo de líderes con responsabilidad diaria de ejecutar varias estrategias de liderazgo de cambio para conducir a las personas por el cambio y desarrollar los resultados de negocio de la iniciativa de cambio. Este equipo debería incluir a personas que:

- Hayan sido parte de esfuerzos de cambio exitosos.
- Puedan dedicar el tiempo requerido.
- Tengan el respeto de sus iguales.
- Sean muy diestros.
- Estén dispuestos a «hablar con la verdad al poder».
- Sean comunicadores eficaces.
- Representen diversos puntos de vista, incluidos distintos niveles y áreas de la organización al igual que promotores, líderes informales y quienes se resisten.

Es crítico que el equipo de liderazgo de cambio comunique regularmente con respecto al cambio, independientemente de quién esté comunicando.

HÁGASE ESTAS PREGUNTAS:

- ¿Tiene a las personas correctas en su equipo de liderazgo de cambio diario?
- ¿Hablan con una sola voz los miembros de su equipo de liderazgo de cambio?
- ¿Ha creado varios equipo de liderazgo de cambio para llevar el cambio de modo eficaz a todas las áreas de la organización?

    5. **COMUNICACIÓN.** No puede subestimarse la importancia de una comunicación eficaz para el éxito de una iniciativa de cambio. La comunicación eficaz de cambio:

- Está enfocada en crear diálogo, no una comunicación en un solo sentido, con los líderes de cambio y aquellos a quienes se les pide el cambio.
- Es frecuente y está orquestada mediante muchos medios distintos de comunicación: una buena regla general es al menos siete veces y de siete maneras distintas.
- Es coherente en su mensaje, independientemente de quién esté comunicando.

- La realizan patrocinadores creíbles y respetados, en consonancia con los miembros del equipo de liderazgo y los defensores del cambio.

HÁGASE ESTAS PREGUNTAS:

- ¿Cuán eficaz es la comunicación con respecto al cambio?
- Si es insuficiente, ¿cómo mejorará usted la eficacia de la comunicación?
- ¿Ha sacado a la luz y ha abordado las preguntas y preocupaciones de aquellos a quienes se les pide el cambio?
- ¿Qué tácticas puede utilizar para aumentar las conversaciones entre los defensores del cambio y quienes se mantienen al margen?

6. **URGENCIA**. Urgencia explica por qué es necesario el cambio y cuán rápidamente deben cambiar las personas su modo de trabajo. Si las personas no tienen un sentimiento de urgencia con respecto a la necesidad de cambio, la inercia del *statu quo* probablemente será demasiado fuerte y las personas no harán los cambios que se pretenden. Pueden utilizarse los

siguientes métodos para crear un sentimiento de urgencia entre aquellos a quienes se les pide el cambio:

- Llevar a las personas cara a cara con la realidad
de la situación. Compartir mucha información
e implicarlos a ellos a la hora de identificar la
brecha entre lo que es y lo que podría ser.
- Proporcionar razones creíbles para el cambio,
respondiendo a la pregunta: «¿Qué es lo que
no funciona ahora?». Desarrolle un espíritu de
descontento compartido con el *statu quo*.
- Enmarcar el cambio en términos de una causa
que es motivadora.

HÁGASE ESTAS PREGUNTAS:

- ¿Ven las personas a quienes se les pide cambiar lo que es incorrecto de mantener el *statu
quo*?
- ¿Tienen un sentimiento de urgencia con respecto a la necesidad de cambio?
- Si el sentimiento de urgencia de las personas es
insatisfactorio, ¿qué hará para crear unos argumentos más fuertes en favor del cambio y un
mayor sentimiento de urgencia?

7. **VISIÓN**. A quienes se les pide cambiar, una visión clara y convincente les permite verse a sí mismos con éxito en el cuadro del futuro. Visión debería:

- Trabajar con urgencia para romper la inercia del *statu quo*.
- Ir más allá de un eslogan y presentar una imagen clara de cómo será el futuro cuando el cambio haya sido implementado exitosamente.
- Conseguir involucrar en el proceso de la visión a muchas personas, de modo que ellas también se apropien de la visión.
- Permitir que las personas se vean a sí mismas teniendo éxito en el panorama del futuro.

HÁGASE ESTAS PREGUNTAS:

- ¿Se ha preguntado a las personas a quienes se pide cambiar qué les emocionaría de ser parte de la organización posterior al cambio?
- ¿Pueden las personas describir cómo será distinto, y mejor, su papel futuro que el actual?

8. **PLAN**. El plan de implementación del cambio es importante, pero el proceso de

planificación es incluso más importante. Un proceso de planificación eficaz:

- Incluye a las personas a quienes se les pide el cambio, en especial a quienes se resisten y que pueden prever lo que podría salir mal.
- Proporciona detalles suficientes para apoyar a las personas en primera línea para que avancen.
- Aclara prioridades.
- Define las medidas, para que usted sepa si ha sido exitoso.
- Incluye programas piloto utilizando a personas dispuestas a aceptar el reto de hacer funcionar el cambio.
- Prepara para la necesidad de tener «ganancias rápidas» para convencer a las personas indecisas en cuanto a si apoyar o no el cambio.
- Desarrolla la infraestructura correcta para sostener el cambio y asegura que no escatime en inversiones e infraestructura.

HÁGASE ESTAS PREGUNTAS:

- Basándose en los anteriores criterios, ¿cuán eficaz es su proceso de planificación?

- Si es insuficiente, ¿cómo mejorará el proceso y el plan resultante?

9. **PRESUPUESTO**. Ninguna iniciativa de cambio puede tener éxito sin invertir dinero. Dicho esto, es importante analizar los cambios propuestos desde una perspectiva financiera para determinar cómo asignar mejor recursos limitados y asegurar que haya un saludable beneficio de la inversión (ROI, por sus siglas en inglés). Recuerde estos puntos importantes con respecto al presupuesto:

- Los patrocinadores controlan el presupuesto, y no al contrario. Asegúrese de que sus patrocinadores aprueben claramente los argumentos en favor del cambio, o el presupuesto los abrumará a la primera señal de problemas con el cambio.
- Asegúrese de no escatimar inversiones en infraestructura.
- Asegure de equilibrar métodos de bajo costo de generar aprobación (por ejemplo, líderes que practican lo que predican y refuerzan conductas deseadas; defensores del cambio que

mantienen conversaciones frecuentes con los indecisos).

HÁGASE ESTAS PREGUNTAS:

* ¿Han comprometido sus patrocinadores el presupuesto requerido para permitir que el cambio tenga éxito?
* ¿Qué palancas de cambio críticas están recibiendo un presupuesto menor del necesario?
* ¿Hay alguna área que esté recibiendo un presupuesto mayor del necesario?

10. **ENTRENADOR**. Un entrenador de cambio proporciona experiencias de aprendizaje para asegurar que aquellos a quienes se pide el cambio tengan las habilidades necesarias para ejecutar el cambio y tener éxito en la organización futura. Un entrenador de cambio eficaz debería ser capaz y dispuesto a:

* Mirar una situación y evaluar las preocupaciones de las personas a quienes se les pide el cambio.
* Usar a gusto varias estrategias de liderazgo de cambio.

- Colaborar con las personas a quienes se pide cambiar de modo que ellas puedan expresar sus preocupaciones, influenciar el proceso de cambio y aumentar su compromiso con el cambio.
- Diagnosticar las necesidades de desarrollo de un miembro del equipo con respecto a una meta o tarea concreta, y proporcionar la dirección y/o el apoyo necesario para satisfacer esas necesidades (p. ej., ser un líder situacional).

HÁGASE ESTAS PREGUNTAS:

- ¿Es usted competente y está comprometido a ser un líder o entrenador de cambio eficaz, usando las habilidades definidas arriba?
- ¿Está proporcionando formación con respecto al trabajo concreto para dar a las personas las habilidades que necesitan para adoptar el cambio?
- ¿Está usando a personas creíbles y que adoptan el cambio enseguida para proporcionar formación como modo de aumentar las conversaciones entre los defensores y quienes están decidiendo con respecto al cambio?
- ¿Qué barreras de destrezas están presentes o pueden preverse con respecto a este cambio? ¿Qué puede hacer usted para superar esas barreras?

11. **INCENTIVO.** Incentivo refuerza las conductas y los resultados deseados que permiten el cambio. Muchas personas confunden incentivos con recompensas monetarias. Numerosos estudios de investigación han demostrado que un reconocimiento bien merecido con frecuencia avanza más hacia reforzar las conductas deseadas que las recompensas monetarias. Los incentivos eficaces:

- Están en consonancia con las conductas deseadas y el desempeño que el cambio pretende abordar.
- Son individualizados y están a disposición de más de un puñado de personas.
- No incentiven en exceso la adopción del cambio a expensas de otras metas de desempeño importantes de las personas que no están relacionadas con el cambio (p. ej., vender un producto o servicio).

HÁGASE ESTAS PREGUNTAS:

- ¿Sabe lo que motiva a cada uno de los miembros de su equipo? Si no lo sabe, ¿cómo lo descubrirá?

- ¿Qué ideas creativas tiene para reconocer a las personas por su duro trabajo, conductas deseadas y desempeño?

12. **GERENCIA DE DESEMPEÑO**. La gerencia de desempeño es el proceso que establece metas y expectativas con respecto a las conductas y los resultados que permitirán el cambio. El proceso de gerencia de desempeño:

- Incluye monitorear el proceso hacia las metas y expectativas.
- Proporciona comentarios y *coaching*.
- Documenta formalmente los resultados presentes frente a los resultados deseados.

HÁGASE ESTAS PREGUNTAS:

- ¿Tiene claro cómo se medirá el desempeño? ¿Está buscando indicadores que avanzan (p. ej., personas que adoptan nuevas habilidades y procesos), al igual que indicadores que retrasan (p. ej., desempeño financiero)? ¿Qué indicadores que avanzan ha definido?

- ¿Tiene un modo de medir el progreso regularmente, al igual que de evaluar los riesgos que aún hay que abordar?

- ¿Tienen claro las personas a quienes se pide cambiar qué conductas y resultados se esperan de ellos y cuándo?

- ¿Hay procesos en su lugar para asegurar que aquellos a quienes se pide cambiar reciban datos y comentarios acerca de su desempeño relativo a las expectativas?

- ¿Tienen claro las personas a quienes se pide cambiar los incentivos y las consecuencias que habrá por la conducta y los resultados que estén alineados o no con el cambio?

13. **RESPONSABILIDAD**. Responsabilidad es el proceso de hacer un seguimiento a las personas para asegurar que sus conductas y resultados estén en línea con las metas y expectativas acordadas. Asegura que los líderes estén practicando lo que predican creando consecuencias cuando las conductas o los resultados no sean coherentes con los que permiten el cambio. La responsabilidad es obligada para que el cambio tenga una oportunidad de tener éxito. Marcas de una responsabilidad eficaz son:

- Medidas de éxito claramente definidas: metas que sean concretas, mensurables, alcanzables, relevantes y de tiempo limitado.

- Reuniones regulares para comprobar el progreso y planear acciones para mantener en curso el cambio.

- Responsabilidad en dos sentidos: colaboración para el rendimiento entre el líder y el miembro del equipo, con cada parte responsable ante la otra.

- Ningún favoritismo. Todos han de rendir cuentas: directores, gerentes y quienes están en primera línea. Recuerde que lo que hacen los líderes es el doble de importante que lo que dicen, y lo que refuerzan los líderes es tres veces más importante que lo que dicen.

HÁGASE ESTAS PREGUNTAS:

- ¿Están rindiendo cuentas los líderes y otros con respecto a adoptar el cambio y engranarlo en la cultura?

- ¿Qué líderes en su organización son los mejores en cuanto a mantener a las personas responsables del cambio de conducta y el desempeño? ¿Qué habilidades y procesos utilizan?

- ¿Cómo puede reproducir esas mismas habilidades de responsabilidad y procesos en otras áreas de su organización?

¡Buena suerte con su iniciativa de cambio! Y recuerde:

*

*El cambio puede ser exitoso
solamente cuando los personajes
usuales en una organización
combinan sus talentos únicos e
implican de modo coherente a
otros en iniciar, implementar y
sostener el cambio*

*

Acerca de los autores

KEN BLANCHARD es autor *best seller* internacional y conferencista motivacional cuyos libros, entre los cuales se incluyen *El nuevo mánager al minuto*®, *Empresario en un minuto* y *Liderazgo al más alto nivel*, han vendido más de dieciocho millones de ejemplares en treinta idiomas. Vive en San Diego, California.

JOHN BRITT ha brindado dirección sobre el cambio a algunas organizaciones grandes durante los últimos veinte años. Es socio de Mountjoy y Bressler, LLP, donde continúa ofreciendo consultoría en gerencia y liderazgo del cambio. Vive en Louisville, Kentucky, y se le puede contactar a su dirección de correo electrónico jbritt@mountjoybressle.com o llamar por teléfono al +1.270.791.2496

JUDD HOEKSTRA es uno de los expertos que lideran el cambio en The Ken Blanchard Companies y coautor del programa Leading People Through Change y de *Liderazgo al más alto nivel*. También lidera equipos de alto rendimiento para algunos de los mejores clientes asociados de Blanchard.

PAT ZIGARMI es fundadora asociada de The Ken Blanchard Companies, donde sirve actualmente como vicepresidenta para el desarrollo empresarial. Es coautora de *El líder ejecutivo al minuto* y *Liderazgo al más alto nivel*.

Servicios disponibles

THE KEN BLANCHARD COMPANIES® se han comprometido a ayudar a los líderes y organizaciones a que lleven su desempeño a un nivel superior. Los conceptos y creencias que se presentan en este libro son solo algunas de las maneras en que Ken, su compañía y Blanchard International —una red global de clase mundial de consultores, instructores y entrenadores—, han ayudado a las organizaciones a mejorar la productividad en el lugar de trabajo, la satisfacción de los empleados y la lealtad de sus clientes alrededor del mundo.

Si desea información adicional sobre cómo aplicar estos conceptos y enfoques en su empresa, o si desea información sobre otros servicios, programas y productos ofrecidos por Blanchard International póngase en contacto con nosotros en:

Sitio Web: www.kenblanchard.com

Blanchard España
E-mail: info@blanchardspain.es
Teléfono: +34.917.938.120

Blanchard Argentina, Colombia,
Panamá y Venezuela
E-mail: info@blanchardinternacional.com
Teléfono: +57.312.516.08.37

The Ken Blanchard Companies
Sede central
E-mail: international@kenblanchard.com
Teléfono: +1.760.489.5005
Dirección: 125 State Place Escondido
California 92029 EUA